LE
MOUVEMENT SOCIALISTE

En Amérique et en Allemagne

RÉVOLUTION DE LA VAPEUR

PAR

Michel SAVIGNY

PUBLICISTE

LE MOUVEMENT SOCIALISTE

LE

MOUVEMENT SOCIALISTE

En Amérique et en Allemagne

❖

RÉVOLUTION DE LA VAPEUR

PAR

MICHEL SAVIGNY, PUBLICISTE

———— ✳ ————

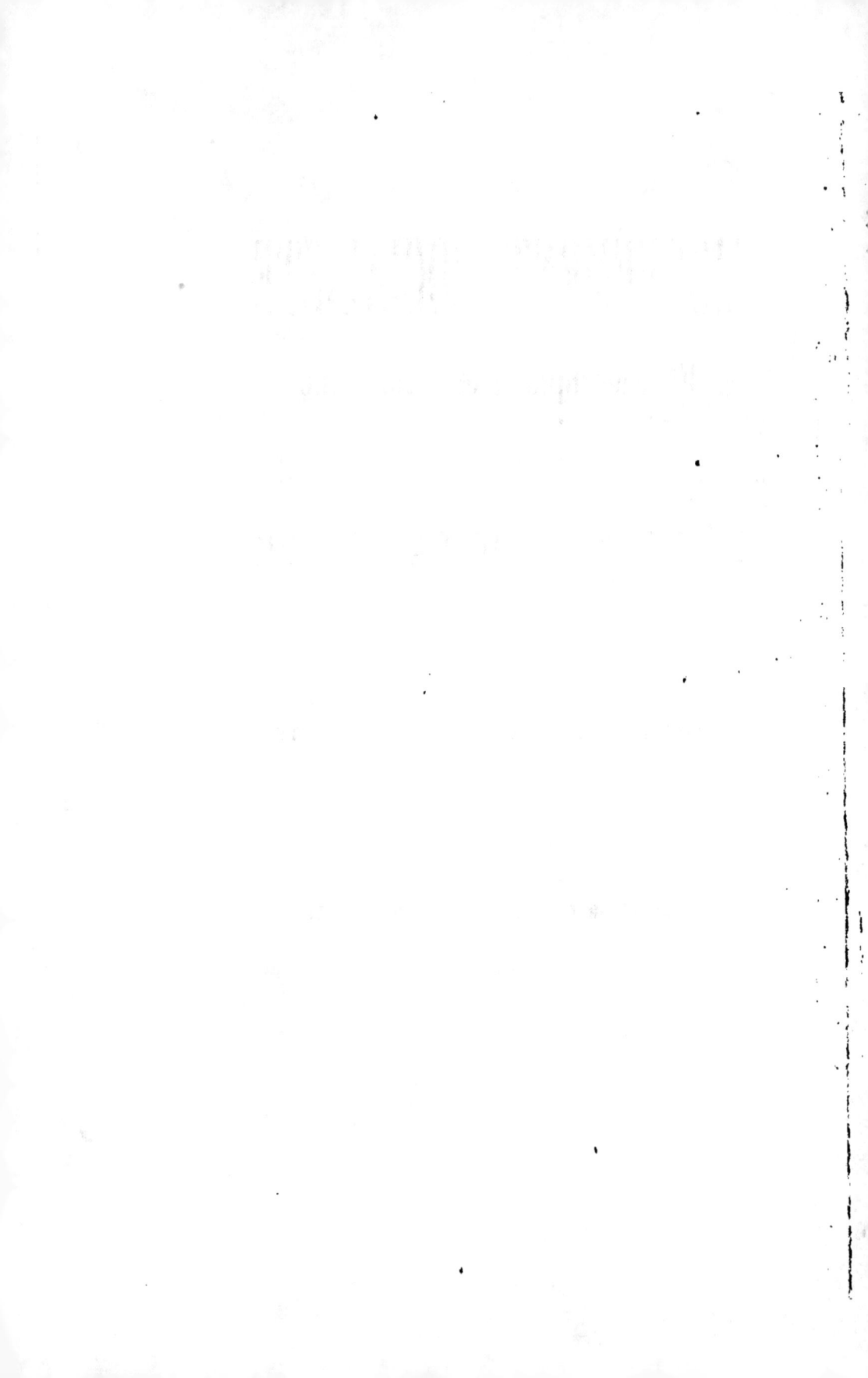

MOUVEMENT SOCIALISTE

EN AMÉRIQUE ET EN ALLEMAGNE

PRÉFACE

Les rescrits de Guillaume II, surtout le succès obtenu par les socialistes allemands aux élections du dernier Reichstag, m'ont donné l'idée d'assembler, en un rapide opuscule, quelques notes recueillies pour la plupart pendant mon séjour aux États-Unis d'Amérique.

Ces notes montrent, en même temps que les origines des grandes associations ouvrières, dont la formidable organisation enserre aujourd'hui l'ancien et le nouveau monde, les aspirations et les intérêts de toute sorte qui concourent à assurer le triomphe définitif du socialisme.

Un de nos principaux organes de province, comparant l'état intérieur de l'Allemagne à celui de la France, disait dernièrement : « La France républi- « caine, au contraire, donne au monde le

« spectacle du calme le plus profond.
« Nous avons cependant parmi nous, des
« socialistes, mais sous un régime libé-
« ral, sous un gouvernement de progrès
« comme la République, où il est
« permis à toutes les opinions de se
« faire jour, où les problèmes tendant
« à améliorer le sort des classes labo-
« rieuses, à préparer, à hâter la solution
« de la question sociale, sont à l'ordre
« du jour, le socialisme ne saurait cons-
« tituer un danger. »

Que notre confrère me permette de le
lui dire : en parlant ici de calme profond,
il commet une singulière erreur.

Les problèmes tendant à améliorer le
sort des masses laborieuses sont, en effet, depuis longtemps à l'ordre du jour ;
mais rien de vraiment sérieux n'a été
fait, même tenté pour en préparer la
solution.

De quoi s'agit-il ?...

La réglementation de la journée de
travail, sa durée, la question des *trois
huit : huit heures* de travail, *huit
heures* de repos, *huit heures* de som-
meil ; pense-t-on que ce soient là tous
les désirs, les seuls qui animent et
poussent le travailleur ?

La manifestation du 1er Mai n'a été
qu'un moyen de se *sentir les coudes*,
d'éprouver ses forces.

Le mouvement vrai est à venir.

La réglementation du travail n'est que le premier article et le moins important d'un programme dicté par des intérêts lésés, par des souffrances imméritées.

La question aujourd'hui fameuse des *trois huit* n'a été qu'un simple mot d'ordre.

Il y a là une amélioration réclamée, oui, mais là n'est pas la question vraie, la question de fond, celle qui seule nous préoccupe et que résument ces deux mots : **Question sociale**.

Pourquoi nous le dissimuler, la **Question sociale...** c'est la lutte du Travail contre le Capital.

Lutte ardente, implacable dont la journée du 1er Mai n'a été que le prélude.

Cette lutte, décidément engagée, des lois d'ordre révolutionnaire peuvent seules en adoucir les terribles effets. De semblables lois sont tellement loin de la pensée de nos gouvernants et de nos législateurs, que gouvernants et législateurs commencent seulement à croire qu'il peut exister une question sociale.

Cette inconscience, résultant peut-être d'un manque d'audace ou de bonne volonté, laisse subsister dans leur intégrité et, qui plus est, grandir les graves compétitions dont nous parlions tout-à-l'heure.

Pas de question sociale, en France !...
Mais il y a une question sociale partout
où la volonté seule du Capital limite ses
bénéfices ; partout où le Capital peut,
aux dépens du Travail, réaliser les énormes et scandaleuses fortunes qui ont si
fort irrité l'innombrable armée des travailleurs, partout où le Capital règne en
maître souverain.

A côté du droit de citoyen, du droit
de vivre libre, il y a le droit de *vivre*,
c'est-à-dire de profiter des efforts accomplis et d'en profiter dans la mesure du
juste.

Laquelle de nos Assemblées, lequel
de nos législateurs a jamais formulé
pareille loi ?

Parce que la France a mené à bonne
fin la première des révolutions, celle
pour la liberté, on aurait le plus grand
tort de s'imaginer qu'elle a, par là,
acquis le privilège d'échapper aux revendications du Travail.

La grande révolte de demain sera
certainement, dans l'ordre physique, ce
que la grande révolte du siècle dernier,
celle que nous appelons la Révolution
française, a été dans l'ordre moral.

Le besoin *du vivre* — prenez ici le
mot dans son sens matériel — le besoin
du vivre, disons-nous, est aussi violent aujourd'hui que l'était, à la fin du
siècle dernier, le besoin de liberté.

La France semble, il est vrai, moins agitée, moins préparée que l'Allemagne, mais le calme n'existe pas au fond, il n'est que relatif.

A quoi bon *travailler* la France, me disait en Amérique un *knigt of labor* (chevalier du travail), elle est prête.

En effet, en transformant notre société française, nos légendaires Assemblées de 1789 et 1793 l'ont admirablement préparée à toutes les transformations.

Bien mieux, les quelques lois ou réformes susceptibles, au premier abord, d'arrêter les progrès du socialisme parmi nous, semblent au contraire, après examen, écrites tout exprès pour en rendre l'avènement inévitable.

Non ! pas plus que l'Allemagne, pas plus que l'Amérique, pas plus qu'aucun pays au monde, la France ne saurait échapper aux brusques et redoutables entraînements de la révolution que j'appelle : RÉVOLUTION DE LA VAPEUR.

—

PREMIÈRE PARTIE

RÉVOLUTION DE LA VAPEUR

I.

LE PAYSAN

La Convention nationale, l'énergique et féconde Assemblée qui assura le succès de notre Révolution, ne pouvait prévoir l'invention de la vapeur venant tout-à-coup bouleverser l'industrie et mettre le producteur en rapport avec tous les marchés du monde.

Cette Assemblée ne pouvait prévoir non plus l'accroissement de puissance qui, pour le Capital, allait résulter de ce nouvel ordre de choses. Aussi, en détruisant les corporations, les maîtrises et les jurandes, la Convention crut-elle avoir affranchi l'ouvrier et lui avoir donné l'avenir.

Malheureusement, il n'en fut point ainsi.

La Convention eût la main bien autrement heureuse avec l'habitant des campagnes. Les Jacques Bonshommes furent d'un seul coup régénérés par elle.

L'Assemblée nationale, en abolissant le servage, en avait fait des hommes ; la Convention, elle, les fit propriétaires de ce sol auquel jadis les rivait le droit féodal, ainsi que des forçats à leur chaîne.

Les biens des émigrés et du clergé, confisqués, puis mis aux enchères à vil prix, furent acquis au moyen du petit pécule que le serf amassait péniblement afin de se racheter, lui ou quelqu'un des siens.

Enfin, l'abolition du droit d'aînesse, en rendant tous les enfants aptes à hériter également du père, éparpilla le sol en un nombre toujours croissant de mains. De la sorte naquit cette classe de petits propriétaires que nous appelons en France : *Nos paysans*, classe qui, aujourd'hui encore, malgré son introduction dans la bourgeoisie, ne compte guère moins de 4 à 5 millions d'individus.

Si le paysan français est avant tout propriétaire, il est en même temps capitaliste. Il ne garde pas toujours pour acheter le sillon voisin, l'argent sou par sou économisé. Il se hasarde souvent à des jeux tout aussi dangereux que des jeux de bourse. Celui-ci spécule sur les fourrages, celui-là sur les bestiaux, cet autre sur les grains, sur les eaux-de-vie. On achète au cours, et le marché suivant on encaisse la différence.

* *

Ce fut à cette classe profondément égoïste, j'en conviens, mais éminemment laborieuse, que profita surtout le mot de M. Guizot : Enrichissez-vous !...

En 1848, déjà, elle possédait la plus grande partie du sol et marchait presque de pair avec la bourgeoisie, dont le règne de Louis-Philippe ou pour mieux dire, mille intérêts communs l'avaient faite l'alliée.

Lorsque fut promulguée la loi accordant à tous le droit de vote, lorsque fut établi le suffrage universel, le paysan entra de plein pied dans la vie sociale. Il y entra avec son ignorance profonde des hommes et des choses.

Il est vrai que la Restauration méprisait trop le paysan pour daigner s'en occuper, et que, de son côté, le gouvernement de Juillet n'avait rien fait pour l'élever au niveau intellectuel et moral que réclamait l'avénement d'une société nouvelle.

Lorsqu'éclata la révolution de 1848, dis-je, les trois quarts de nos paysans ne savaient ni lire, ni écrire.

Des gens intéressés n'eurent donc point de peine à s'armer des doctrines, un peu audacieuses, émises à la tribune de la Chambre ou des clubs, par des philosophes rêvant un monde meilleur.

On pût aisément dénaturer la portée de ces théories, en fausser le sens et s'en servir en vue d'effrayer le paysan, tremblant toujours pour le champ gagné par des années de privations et de labeurs.

Se croyant menacé dans ce qu'il avait de plus cher et de plus sacré : sa propriété, le peuple des campagnes se sépara brusquement du peuple des villes. Mais ce n'est ni à un Bourbon, ni à un d'Orléans que le paysan va demander aide et protection, c'est à un Bonaparte. C'est que, dans sa pensée, avec Bonaparte, nul retour vers le passé n'est possible, n'est à redouter. Issu de la Révolution, Bonaparte ne peut vivre qu'à condition de sanctionner l'œuvre révolutionnaire.

Vainement les vrais libéraux essayèrent d'arrêter le mouvement en rappelant les lois draconiennes du premier Empire, les lois frappant le livre, la parole et la pensée aussi cruellement qu'aux plus mauvais jours de la monarchie. Qu'importait au paysan ces libertés qui n'étaient point les siennes, ces libertés dont il n'avait que faire. La répression qu'on lui représentait comme un retour vers l'ancien despotisme était au contraire devenue nécessaire à ses yeux. Ces libertés, bonnes à garder, ne s'en était-on pas servi, et ne menaçait-on pas de s'en servir encore pour le troubler dans sa douce quiétude, alors qu'il était en train de s'assimiler le sol ?

On a beaucoup dit et beaucoup répété que les souvenirs laissés dans le peuple par Napoléon Ier avaient préparé l'avènement de Napoléon III. Sans doute, les rayonnements du soleil d'Austerlitz enveloppaient d'une auréole, quasi divine, ceux qui portaient le nom de Bonaparte. Toute une génération avait grandi, bercée par les récits épiques des vétérans échappés comme par miracle aux effroyables boucheries d'hommes qui, de 1804 à 1815, avaient ensanglanté l'Europe.

Plus rien ne restait de l'épopée républicaine, et les volontaires de Valmy et de Jemmapes, et les soldats de Masséna poursuivant durant trois jours dans les défilés des montagnes suisses l'armée du vieux Souwarow, plus rien ne restait de ces grands souvenirs.

Nulle voix ne s'élevait pour répéter : Sans Valmy, sans Jemmapes, sans Zurich, l'effort révolutionnaire était brisé à ses débuts, la révolution française n'était plus qu'une émeute, et la demeure seigneuriale à demi-écroulée se relevant de ses ruines écrasait encore pour deux siècles peut-être sous son lourd granit et la terre et le paysan.

Nulle voix ne s'élevait en faveur des Jupiters-tonnants de la Législative et de la Convention. Pas même la voix superbe de l'histoire.

On avait tout proscrit, tout oublié, même le chant de l'armée du Rhin. En fait d'histoire des temps nouveaux, le paysan ne savait rien, n'apprenait que ce poème digne d'Homère, commencé sur les champs de Lombardie et fini un soir dans la plaine de Waterloo.

Ah ! Béranger avait dit vrai, lorsque, dans ses strophes ayant pour titre : *Les souvenirs du peuple*, il s'était écrié :

> « L'humble toit dans quarante ans
> « Ne connaîtra plus d'autre histoire. »

C'était encore le temps où, pour les intelligences plus élevées, Victor Hugo écrivait ses odes à la Colonne, à l'Arc de triomphe, au roi de Rome, œuvres sublimes assurément, mais que le poëte devait expier amèrement en se voyant un jour contraint, par son génie, à écrire, durant les heures de l'exil, Napoléon le Petit et les Châtiments.

Toujours Bonaparte !

Pas un chant pour les créateurs de la France moderne, pour les rudes soldats semant par l'univers le germe des codes nouveaux, façonnant avec le glaive et fécondant avec leurs cadavres le sol des libertés futures.

Eh bien ! non, ce ne fut pas la légende du grand homme qui, en 1849, assura l'élection du second Bonaparte à la présidence de la République. Ignorant les travaux de la Législative et de la Convention aussi bien que leurs luttes contre l'étranger, ignorant jusqu'aux noms de ces grandes Assemblées, le paysan s'était habitué à considérer notre code civil comme l'œuvre personnelle de Napoléon Iᵉʳ.

Il est juste de dire que notre code s'appelait : *Code Napoléon.*

Aux yeux du propriétaire ou du paysan, nul n'était plus apte que le neveu à défendre et à maintenir les lois édictées par l'oncle, ces lois que l'on prétendait menacées, en vertu desquelles on possédait et qui assuraient avec tant de soin au possesseur, les bénéfices et les douceurs de la possession.

Napoléon III lui, de son côté, connaissait et avait si bien appris à connaître le paysan, qu'afin de gagner son vote, il prononça à Bordeaux cette phrase demeurée célèbre : « L'Empire, c'est la paix. » Or, la paix est nécessaire à qui veut acquérir, à qui possède, à qui veut jouir.

Arrivé au pouvoir, non seulement Napoléon III protégea les biens du paysan — biens qui n'avaient d'ailleurs nul besoin d'être protégés, — mais il aida le paysan à s'enrichir.

*
* *

On a beaucoup reproché à M. Thiers d'avoir mis en doute l'avenir des voies ferrées. M. Thiers était de son temps.

Et.... il faut en convenir, les premiers essais de ces chemins de fer, destinés pourtant à sillonner le monde, ne furent pas précisément heureux. Dans le début, le génie de leurs inventeurs sembla devoir se heurter pour toujours à d'insurmontables difficultés. En 1813, un anglais, Blackett, avait découvert qu'en donnant à la locomotive un poids considérable, on empêchait les roues de tourner sur place.

Mais les lourdes locomotives construites dans ces conditions par Georges Stephenson ne firent d'abord que sept lieues en 4 heures, et ne furent employées qu'à desservir les grandes usines et les mines. Il fallut qu'un ingénieur français, Seguin, inventât la chaudière tubulaire pour rendre la traction de la vapeur décidément applicable.

Les premières locomotives, fabriquées pour le chemin de fer houiller de Saint Étienne et Rive-de-Gier, furent immédiatement étudiées, puis perfectionnées par ce même Stephenson dont je parlais plus haut, et qui, le 8 octobre 1829, présenta au grand concours ouvert en Angleterre la fameuse locomotive *La*

Fusée, capable de traîner un poids de 12,942 kilos avec une vitesse de six lieues à l'heure. Le chemin de fer de Manchester, construit seulement pour le transport des marchandises, fut ainsi livré aux voyageurs.

Mais si, en Angleterre, l'industrie privée et le capital se jetèrent avec empressement dans la construction des nouvelles voies, il n'en fut pas de même en France. Industrie et Capital hésitèrent si bien que, de 1830 à 1842, deux lignes isolées furent à grand'peine ouvertes à la circulation: celles de Paris à Versailles et de Paris à St Germain. Une foule de projets étaient mis à l'étude, aucun ne s'exécutait.

Sur ces entrefaites arriva la terrible catastrophe du 8 mai 1842. L'essieu d'une des locomotives d'un train venant de Versailles à Paris se rompit brusquement au sortir de la gare de Bellevue ; les wagons, poussés les uns sur les autres, s'entassèrent à la hauteur d'un premier étage et prirent feu ; 80 personnes, parmi lesquelles se trouvait le célèbre amiral Dumont-d'Urville, furent broyées ou brulées vives.

Cette catastrophe sembla à beaucoup la condamnation sans appel des chemins de fer. Mais la Chambre des députés ne voulut voir là dedans qu'un accident dû à un défaut de surveillance et à une organisation encore incomplète. Quelque temps après, le 11 juin, elle décida que l'Etat prendrait à sa charge les terrassements et les travaux d'art que nécessiterait l'établissement des voies ferrées; qu'il paierait un tiers des terrains à exproprier, dont les communes et les départements paieraient les deux autres tiers ; que les compagnies perceraient la voie, fourniraient le matériel, et exploiteraient pendant un certain nombre d'années, à l'expiration desquelles le tout appartiendrait à l'Etat, moyennant toutefois une indemnité représentant la valeur de la voie ferrée et du matériel.

Cette loi calma les dernières appréhensions du Capital, et le 22 octobre 1842 la Chambre put ordonner l'établissement de 9 grandes voies, dont 7 partant de Paris pour aller :

Par Lille, à la frontière belge ;

Par Rouen et le Havre, à la côte de la Manche ;

Par Nancy et Strasbourg, à la frontière d'Allemagne ;

Par Lyon et Marseille, à la Méditerranée ;

Par Tours, Bordeaux, Bayonne à la frontière d'Espagne ;

Par Nantes, à l'Océan ;

Par Bourges, au centre de la France.

Il n'y eût d'abord que 2967 kilomètres

de concédés, et dix ans plus tard, en 1852, ce chiffre ne s'élevait encore qu'à 6081. Mais sous le règne de Napoléon III, la spéculation privée se lança tout d'un coup, et à la fin de 1864, il y avait en France 20,382 kilomètres concédés, et 13,000 kilomètres en exploitation.

Le plus humble hameau se vit de la sorte en rapports directs et constants avec la ville. Jusqu'à ce jour, le paysan n'avait écoulé le produit de ses terres qu'avec une extrême difficulté, due à l'insuffisance des moyens de transport. Grâce aux nouvelles voies de communications, le paysan put expédier sur de nombreux marchés; et il en résulta pour lui une augmentation de gain. Le prix des denrées qu'il fournissait à l'alimentation s'éleva rapidement et pour certaine région dans l'effrayante proportion de 300 p. 100.

En même temps, la grande fabrication commençant, elle aussi son mouvement, abaissait considérablement le prix des objets de luxe et de confort. Le paysan connut, de la sorte, une existence meilleure, des joies jusqu'alors inconnues, joies que, loin de rapporter à leurs véritables auteurs, c'est-à-dire aux grands inventeurs du siècle, il rapporta, dans son ignorance, à celui qu'il croyait être le seul dispensateur de toute chose, à l'empereur.

Cependant les fils des paysans, au fur et à mesure que leurs pères s'enrichissaient, abandonnaient, comme on dit vulgairement la charrue, pour embrasser les uns des professions libérales, les autres pour se jeter dans le fonctionnarisme, la marine ou bien l'armée. Elevés par leur situation nouvelle au-dessus de leurs pères, entourés du respect de leurs pères mêmes, ils ne tardèrent pas à former une sorte de bourgeoisie, ou pour mieux dire d'aristocratie paysanne, l'une de ces classes enfin auxquelles appartenait Gambetta et que ce tribun appelait *classe dirigeante*.

Quelques-uns de ces néo-bourgeois gardèrent la marque de leur origine, c'est-à-dire l'étroitesse de vues et l'égoïsme du paysan. Ils ne travaillèrent qu'à assurer le dévouement de leurs familles à l'Empire. D'autres, au contraire, architectes, avocats, ingénieurs, médecins, de retour dans leurs foyers, propagèrent les idées de progrès et de liberté vraie qu'ils étaient allés chercher dans les villes. Des circonstances terribles vinrent aider leur œuvre. Nos défaites de 1870 et de 1871, en enlevant aux Bonaparte leur prestige de gloire, en amoncelant dans le pays les deuils et les ruines, ne contribuèrent pas moins que leur active et intelligente propagande à l'évolution du paysan vers la République.

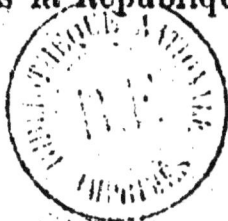

2

Mais il est un autre point sur lequel je dois surtout insister pour rester dans l'esprit de cette étude.

Pendant que cette grande facilité de communications, créée par la vapeur, enrichissait nos paysans, elle apportait dans l'industrie agricole, en même temps que dans les rapports internationaux, des transformations profondes, de nature à contraindre nos paysans à devenir un jour les adeptes intéressés des doctrines socialistes.

Nous verrons comment par la suite.

II

L'OUVRIER

En l'année 1626 mourait, quelques uns disent à Bicêtre, un homme dont la pensée allait, en découvrant une force nouvelle, révolutionner le monde.

Cet homme était Salomon de Caus. Le premier, en effet, il conçut l'idée d'utiliser la vapeur comme moteur universel.

Il ne fallut pas moins de 160 années pour que la science comprit toute la grandeur de sa conception.

Ce qu'on appela d'abord le rêve de Salomon de Caus fut repris par le fameux marquis de Worcester, par l'ingénieur Denis Papin, par l'ouvrier Newcommen, enfin par l'écossais James

Watt. En 1776, ce dernier découvrit la machine à détente, c'est-à-dire la machine dans laquelle la vapeur, introduite dans le cylindre pendant une partie seulement de la course du piston, agit ensuite par sa force expansive, invention qui a permis depuis d'augmenter la puissance d'une machine par l'emploi de la vapeur à haute pression.

En 1781, le même James Watt prenait une patente pour différents modes de mouvements rotatifs à l'aide des mouvements alternatifs du balancier. La machine, la vraie machine à vapeur, le levier tout-puissant de l'industrie moderne était enfin trouvée.

Chose remarquable : cette découverte a lieu à la fin du xviiie siècle... en même temps que les efforts grandioses des Malebranche, des Montesquieu et des Diderot aboutissent à une révolution profonde dans l'ordre politique, à la révolution française.

Découverte de la vapeur et prise de la Bastille, deux grands faits également féconds et par lesquels le génie humain semble inaugurer son tardif avènement.

Je voudrais que les noms des inventeurs de la machine à vapeur et de l'électricité fussent écrits en lettres d'or, pêle-mêle avec les noms de nos conventionnels, aux frontons du Panthéon. c'est-à-dire du seul Olympe permis à la reconnaissance des peuples par la raison humaine.

Dans le début, l'Europe, et plus particulièrement l'Europe continentale, profita peu des travaux de James Watt. Les esprits étaient tout entiers à la lutte terrible que la France soutenait alors contre les Rois. Avant l'ère de la vapeur se préparait l'ère de la liberté. Mais lorsque des victoires successives eurent définitivement imposé aux vieilles sociétés le grand œuvre de nos assemblées révolutionnaires, le Directoire voulant relever de ses ruines l'industrie nationale, imagina de réunir en un seul édifice construit pour la circonstance, tous les produits de la fabrication française.

En 1798, donc, eut lieu à Paris la première exposition de l'industrie. Elle eut pour palais de simples galeries construites au milieu du Champ de Mars, et ne dura que trois jours. Les résultats en furent si satisfaisants que François de Neufchâteau, alors ministre de l'Intérieur, proposa au gouvernement de décider qu'elle serait annuellement renouvelée.

Toutefois, l'Industrie française devait se voir encore un coup arrêtée dans son élan.

Vainement Napoléon Ier, désireux d'affranchir la France des tributs qu'elle

payait à l'étranger pour un grand nombre d'objets, prodigua les encourage-
ments aux fabricants; vainement un
décret de 1810 promit 1 million de francs
à l'heureux inventeur de la machine à
filer le lin. Nos grands désastres vinrent
réduire presque à néant les progrès accomplis.

En réalité, l'Industrie moderne ne
date que de 1819. A cette époque le gouvernement des Bourbons décida que la
cour du Louvre et le premier étage de ce
palais seraient aménagés pour recevoir
les produits de l'industrie française.

Ce fut la cinquième exposition de ce
genre. La première avait eu lieu, comme
nous l'avons dit, en 1798; la deuxième
en 1801 ; la troisième en 1802, et la
quatrième en 1806.

Mais nous donnerons tout-à-l'heure les
dates de toutes celles qui l'avaient pré-
cédée.

L'idée du Directoire, reprise par Bonaparte et par Louis XVIII, le fut également par Louis-Philippe. En 1834, il y
eut sur la place de la Concorde une exposition qui réunit 2447 exposants et dura
60 jours.

Le succès toujours croissant de ces
exposi'ions dit la marche rapide de l'industrie française. Nous croyons donc
intéressant d'en donner ici un relevé
succinct.

1re Exposition (1798) — 110 exposants ; durée trois jours,

2e Exposition (1801) — Cour du Louvre, 229 exposants ; durée 6 jours.

3e Exposition (1802) — Cour du Louvre, 540 exposants ; durée 7 jours.

4e Exposition (1806) — Esplanade des Invalides, 1422 exposants ; durée 24 jours.

5e Exposition (1819) — Cour du Louvre, 1662 exposants ; durée 35 jours.

6e Exposition (1823) — Cour du Louvre, 1642 exposants ; durée 50 jours.

7e Exposition (1827) — encore Cour du Louvre, 1695 exposants ; durée 62 jours.

8e Exposition (1834) — Place de la Concorde 2447 exposants ; durée 60 jours.

9e Exposition (1839) — Champs-Elysées, carré des jeux, 3281 exposants ; durée 60 jours.

10e Exposition (1844) — Champs-Elysées, 3960 exposants ; durée 60 jours.

11e Exposition (1847) — Champs-Elysées, toujours, 4494 exposants ; durée 1 mois.

Enfin, en 1855, eut lieu la première Exposition universelle de Paris pour laquelle on fit bâtir le palais de l'Industrie, aux Champs-Elysées, et qui dura du 1er mai au 31 octobre et reçut 23,954 exposants dont 12,348 français.

La seconde Exposition universelle fut celle de 1867, qui se tint au Champ-de-Mars, et réunit 50,226 exposants de toutes nationalités.

L'Exposition de 1878 (53,000 exposants) ne le céda en rien comme importance, et l'emporta même sur celle-ci à cause des fêtes magnifiques et spontanées auxquelles elle donna lieu.

La France n'était pas seule engagée dans cette voie.

Dès 1820, la Belgique avait suivi son exemple. Puis la Prusse en 1844 ; l'Autriche en 1845 ; l'Angleterre en 1851 ; enfin la Bavière et l'Amérique du Nord (New-York, 1853-1854).

Un si prodigieux développement industriel n'était, en fin de compte, que la résultante des travaux de James Watt et de ses devanciers.

III

LA RÉVOLUTION ÉCONOMIQUE

Avant la Révolution, on appelait maîtrises, en France, les corporations d'arts et de métiers, parce qu'après leurs réceptions leurs membres portaient le nom de Maîtres. Pour devenir Maître, il fallait d'abord subir un apprentissage fort long, puis présenter un chef-d'œuvre, enfin remplir un grand nombre de conditions que des réglements jaloux s'efforçaient de rendre impossibles et de changer en invincibles obstacles, séparant l'ouvrier ou compagnon de la situation relativement élevée qu'il convoitait.

Les réglements de la corporation étaient rédigés de telle sorte, maintenus avec une telle rigueur, interprétés avec tant de partialité, que la maîtrise était rarement accessible.

Le jury, élu par la corporation pour juger des chefs-d'œuvres et conférer la maîtrise, était appelé jurande.

Au moyen-âge, les corporations avaient rendu d'éminents services en aidant à la création et à l'établissement des communes. Mais du jour où, afin d'assurer leur existence et la sécurité de leur industrie, elles demandèrent au roi de les reconnaître et de les protéger, elles formèrent une sorte de caste privilégiée dans laquelle on n'était plus admis qu'avec une extrême difficulté.

En effet, les maîtres ne consentaient guère à admettre au bénéfice de la maîtrise que leurs enfants, leurs parents, leurs amis ou leurs concitoyens.

C'était surtout au moyen d'un apprentissage prolongé d'une façon presque illimitée, et fait pour leur assurer gratuitement des ouvriers et des aides, que les maîtres finissaient presque toujours par écarter de la corporation ceux qui aspiraient à y entrer.

Même sous le contrôle et la protection des rois, les maîtrises firent souvent accomplir à l'industrie de surprenants progrès. Mais, trop souvent aussi, afin de défendre l'accès de leur institution à l'égal d'un privilège, elles rejetèrent, de parti pris, toute découverte et tout produit nouveau.

Ensuite, abusant de cette espèce de monopole que leur assurait cette proscription au besoin appuyée par des édits royaux, elles élevèrent les prix de leurs produits au point d'en retirer des bénéfices véritablement éhontés. Par de tels procédés, les maîtres s'attirèrent d'abord la haine de leurs ouvriers, ensuite la haine du peuple.

Aussi les esprits libéraux, frappés des conséquences d'un aussi déplorable état de choses, poursuivirent-ils avec acharnement la suppression des maîtrises et des jurandes.

A leur instigation, le ministre Turgot obtint de Louis XVI l'édit de février 1776, lequel accordait à l'industrie une liberté presque absolue, mais qui ne résista que quelques mois à l'opposition des intéressés.

Les maîtrises et les jurandes ne furent définitivement abolies que par un décret de l'Assemblée Constituante, en date du 2 mars 1791.

Sous le régime des corporations,

l'ouvrier acquérait difficilement sans doute la situation à laquelle lui donnaient droit et son activité et son intelligence, mais enfin, lui était-il possible de l'acquérir. Lorsqu'après bien des années de persévérance, il était parvenu à écarter les obstacles semés sur sa route, du moins la question d'argent ne venait-elle pas élever entre le titre si convoité de maître, une dernière et infranchissable barrière.

Avant les découvertes de James Watt, en effet, l'outillage était des plus simples, des plus élémentaires, son installation et son achat nécessitaient rarement l'emploi de sommes importantes. Un travail actif et soutenu, un peu d'ordre et d'économie, suffisaient pour en permettre l'acquisition. Reçu maître, on pouvait débuter immédiatement. La fabrication était pour tous soumise aux mêmes règles ; il n'y avait guère de rivalité, ou, si l'on préfère, de concurrence à redouter. Une fois ouvert, l'atelier n'avait plus qu'à grandir et il grandissait, grâce aux bénéfices considérables et assurés par des taxes arrêtées en commun, c'est-à-dire, débattues et votées par les maîtres de la corporation, grâce enfin aux nombreux apprentis dont les services impayés rendaient presque nuls les frais de la main-d'œuvre et diminuaient considérablement le prix de revient des objets fabriqués.

L'invention de la vapeur, bien qu'en donnant naissance à quelques situations nouvelles, enferma l'ouvrier dans un rôle à jamais secondaire...

Plus de maîtrise possible, plus de rêves à évoquer dans les heures pénibles, de rêves venant relever le courage abattu, rendre la foi dans le lendemain, l'énergie de poursuivre la besogne, de supporter encore la dure misère... Comme autrefois, hélas, il ne s'agissait plus d'un simple pécule à amasser. Un siècle de privations n'eût pas suffi pour procurer à l'ouvrier le moyen d'acquérir ses instruments de travail.

Au modeste outillage, en effet, avait succédé et la chaudière et la machine, au modeste atelier, l'usine. Comment, au moyen du travail manuel, remplacer le rapide et puissant outil, toujours mathématiquement réglé par la vapeur ?

En admettant même qu'il fut possible de gagner le prix d'une première installation, avec quelles ressources nouvelles pourrait-on la maintenir sans cesse au niveau des progrès d'une science aussi infatigable que la force découverte par elle.

Comment lutter contre la concurrence ?

Aussi à cause même de son prix

énorme, la machine à vapeur semble à
première vue avoir été inventée, non
pour aider le travail, mais pour l'asservir. Elle semble avoir été inventée uni-
quement pour favoriser la grande industrie, c'est-à-dire pour servir les calculs
les plus fantaisistes du Capital. L'ouvrier
n'eut donc point à bénéficier de la liberté réclamée pour lui par les moralis-
tes du siècle dernier et assurée par le
décret du 2 mars 1791.

Il n'échappa au règlement souvent
arbitraire de la corporation que pour
retomber brusquement en puissance
d'un maître bien autrement exigeant :
l'argent.

Les conditions d'une bonne exploitation étaient même devenues, sous l'empire des récentes découvertes, tellement
onéreuses que le Capitaliste, quelle que
fût d'ailleurs sa fortune, hésita de risquer
à lui seul l'entreprise, et il fallut avoir
recours au système des sociétés en com-
mandite ou par actions.

Ce dernier mode d'opération, offrant
plus de latitude à la spéculation, ne
tarda pas à être préféré. Toutefois, les
intérêts d'une société par actions se trouvent aux mains d'un conseil d'administration dont les membres élus par les
actionnaires, actionnaires eux-mêmes,
n'ont d'autre souci que d'attribuer à
l'action le plus de bénéfices possibles.

Mais la plupart du temps les profits de l'action ne sauraient être réalisés qu'au détriment du travail, c'est-à-dire du salaire des ouvriers.

L'on vit de la sorte s'élever de rapides et considérables fortunes... et d'autre part s'aggraver encore la lourde misère.

L'on vit des sociétés, dans lesquelles les ouvriers gagnaient à grand peine le pain de la journée, distribuer de tels dividendes que l'action émise à 500 francs, et non encore entièrement libérée, atteignait à la cote de la Bourse une valeur de plusieurs milliers de francs.

Comme au siècle dernier, il ne s'agissait plus de l'affranchissement pur et simple du travailleur. A quoi bon la liberté à présent ? Un problème bien autrement ardu s'imposait aux économistes, problème plein de complications inattendues, d'inconnues à dégager.

Deux forces vives se trouvaient tout à-coup en présence : travail et capital. Celui-ci se croyant en droit d'exploiter cruellement celui-là, de le réduire en une sorte de servage aussi dur que les servages des temps passés... et maintenant il s'agissait d'établir l'alliance entre ces deux effrayants ennemis, de les amener à consentir une juste répartition des bénéfices.

Chaque jour aux prises avec la gêne,

quelle que fût d'ailleurs son activité, l'ouvrier n'entrevit point d'abord d'autre solution au problème qu'une augmentation de salaire.

C'était bien le moins qu'un peu de ce grand bien-être, que son travail rapportait à ses maîtres nouveaux, vînt éclairer les soirs de ses rudes journées.

Mais le Capital était plus égoïste encore que les maîtres d'autrefois.

Les premiers n'avaient été vaincus qu'à l'aide d'une révolution; pour vaincre le second, il fallait une longue et sanglante révolte.

La première émeute ayant pour but l'augmentation des salaires éclata à Lyon en novembre 1831, et s'appela *l'insurrection des Mutuellistes.*

Les révoltés, auxquels on promit d'abord une rémunération plus équitable de leur travail, avaient inscrit sur leur drapeau : *Vivre en travaillant, ou mourir en combattant.*

Commencée le 23 novembre, l'émeute dura jusqu'au 3 décembre.

Cette sanglante bataille de dix jours ne rapporta aux travailleurs que leur introduction dans le conseil des Prud'hommes en nombre égal à celui des patrons.

Le statu quo fut maintenu, c'est-à-dire que le tarif rémunérateur, accepté d'abord par le préfet et par les fabricants,

fut refusé aux révoltés après leur défaite.

IV.

LE DROIT AU TRAVAIL

Cependant, de fréquents chômages,
provoqués par des crises industrielles,
changeaient souvent la gêne de l'ouvrier
en détresse.

Pour assurer son existence et celle des
siens, le travailleur n'a d'autres ressources que le produit de son industrie.

Pour que son industrie rapporte, il faut
qu'on lui fournisse les moyens de
l'exercer.

Cette nécessité, sur laquelle le Capital
a de tout temps basé ses prétentions
exagérées, fit demander par nos économistes, le droit au travail.

Sur ces quelques mots et de théorie en
théorie, la question se traîna pendant
tout le règne de Louis-Philippe.

Louis Blanc écrivit bien alors une
organisation du travail, mais son système
à lui aussi devait être plus tard reconnu
inapplicable par les intéressés eux-
mêmes.

Rien de pratique n'était conçu, n'était
proposé. Pourtant le mal allait s'aggra-
vant chaque jour. De nombreuses sociétés
anonymes se formaient et un agiotage
effréné amenait des crises commerciales

que venaient rendre plus aiguës les crises de subsistance.

Et le peuple des ateliers, irrité par ses souffrances, se réfugiait en masse dans les sociétés secrètes qui, dans l'ombre, préparaient le mouvement ouvrier de 1848.

Appelé à la tribune lorsqu'il s'agissait de savoir si l'on devait inscrire le droit au travail dans la nouvelle constitution républicaine dont la Chambre poursuivait l'élaboration, le député Rollinat disait : « La révolution de Février n'est point une révolution politique, mais une révolution sociale. »

C'était là une définition parfaitement exacte du mouvement populaire qui avait renversé le trône de Louis-Philippe.

Dans une précédente séance, et au cours de la même discussion, Ledru-Rollin, rappelant que le droit au travail avait été admis déjà par la Convention, Ledru-Rollin disait :

« Inscrivez le donc, ce droit, dans la Constitution, inscrivez-le, pour que dans les fastes de l'humanité, nous n'ayons pas l'air de reculer à cinquante années de distance, pour que nous ne soyons pas moins avancés que nos pères, inscrivez-le parce que le peuple doit obtenir ce qu'il demande de juste et ce qu'il a inscrit sur ses bannières...

Vivre en travaillant... ou mourir en combattant !

Oui ! la révolution de Fevrier fut surtout une révolution sociale.

En effet, le 25 Février, le gouvernement provisoire venait à peine d'entrer à l'Hotel-de-Ville, qu'une députation ouvrière, en tête de laquelle se trouvait le citoyen Marche, présentait une pétition réclamant le droit de vivre pour le travailleur.

L'insistance des délégués et l'appui que leur prêta Louis Blanc amenèrent les membres du gouvernement *à garantir l'existence de l'ouvrier par le travail,* c'est-à-dire à assurer du travail à tous les ouvriers privés de leurs moyens habituels de subsistance par la brusque fermeture d'un grand nombre d'ateliers. Toutefois, hâtons-nous de le dire, dans la pensée du gouvernement, cet engagement n'avait qu'un caractère provisoire. Il était simplement consenti en vue de prévenir les effets de la crise que capitalistes et banquiers annonçaient hautement et préparaient afin de faciliter une réaction monarchique.

La valeur des théories et des formules socialistes n'était en aucune façon préjugée par cette décision.

La discussion de ces théories et de ces formules fut confiée à une commission spéciale dite *Commission des travailleurs.*

3

Instituée par décret du 29 février, cette commission devait siéger au Luxembourg sous la présidence de Louis Blanc, auquel fut adjoint l'autre membre socialiste du gouvernement, l'ouvrier Albert.

Louis Blanc invita donc les travailleurs à choisir des délégués ayant mission de représenter les diverses corporations et de discuter les questions afin de les assouplir à la pratique.

En conséquence, des élections furent faites dans les diverses industries, et leurs fondés de pouvoir, au nombre de 250, se réunirent pour la première fois le 10 mars.

L'Assemblée ouvrière, que, par dérision, on appela la Pairie, parce qu'elle siégeait dans l'ancien local occupé par les Pairs de France ; l'Assemblée ouvrière, dis-je, demanda d'abord la suppression du travail dans les prisons, les casernes et les couvents... faisant justement observer que les travailleurs de ces différents établissements ayant la vie matérielle assurée, pouvaient travailler à bas prix... que l'ouvrier du dehors ayant, lui, sa famille à entretenir sur le montant de son salaire, se trouvait accablé par cette lutte inégale.

Cette suppression et la réduction de la journée à dix heures de travail effectif, furent les seules mesures qui devaient être accueillies par les hommes du gouvernement.

Nous résumerons en quelques mots seulement le système proposé par Louis Blanc, et sur lequel roulent presque toutes les discussions de la commission.

« Que l'Etat, disait-elle, se substitue aux entreprises privées, dont il indemnisera les possesseurs au moyen d'obligations portant intérêt, hypothéquées sur la valeur même des établissements concédés et remboursables par annuités ou par amortissement. »

L'affaire ainsi réglée avec les propriétaires d'usines, l'Etat n'avait plus qu'à dire aux ouvriers : « Allez travailler maintenant comme des frères associés. »

C'était toujours la commission qui parlait. Mais elle laissait à étudier :

1° Le mode d'association entre tous les ateliers d'une même industrie, non seulement afin de les rendre solidaires, mais afin d'empêcher entr'eux toute concurrence ;

2° Le moyen de réaliser la *souveraine condition de l'ordre*, c'est-à-dire la solidarité entre toutes les industries, entre tous les membres de la société industrielle à quelque corps d'état qu'ils appartiennent.

D'ailleurs, le projet offrait à l'application plus d'un inconvénient.

Et d'abord, il obligeait l'Etat à se faire

banquier, voire même industriel en cas d'insuccès d'une ou plusieurs industries fondées sous sa garantie, ce qui pouvait avoir pour conséquences la création de monopoles imposant à la consommation des produits inférieurs à des prix élevés.

C'était encore constituer un socialisme d'Etat, aussi dangereux au point de vue des rapports avec l'étranger qu'au point de vue de la sauvegarde des libertés politiques.

Une troisième critique pouvait être adressée au système de Louis Blanc et de la commission qu'il présidait.

Le projet avait le tort grave de rendre impossible toute initiative privée.

Quel capitaliste, en effet, eût été assez osé pour entrer en concurrence avec un ensemble d'ateliers solidaires les uns des autres, constituant à eux seuls une puissante et colossale association et disposant en outre de l'appui et des ressources de l'Etat, obligé par son intérêt même de leur venir en aide en cas de péril.

N'était-ce pas enfin déplacer le véritable terrain, le terrain sur lequel on avait jusque là poursuivi la lutte. Empêcher l'initiative privée, la gêner, équivalait à négliger le Capital, le déplacer conséquemment, l'annihiler en tant que force.

Or, il ne s'agit nullement de repousser cet aliment vital de toute industrie,

mais de l'attirer au contraire, et, l'ayant
attiré, de le contraindre à se contenter
de bénéfices raisonnables, à l'associer
avec le travail au lieu de l'exploiter.

Les journées de juin 1848, et surtout
le refus de l'Assemblée nationale d'inscrire *le droit au travail* dans la Constitution, rendit inutiles les travaux de la
commission du Luxembourg.

Pourtant, deux mots féconds, portant
avec eux la vraie solution du problème,
s'étaient dégagés de toutes les discussions. Ces deux mots étaient :

Association et Solidarité.

Au commencement du règne de Napoléon III, l'élan donné de toutes parts
aux travaux publics et aux diverses
branches de l'industrie, calma pour un
temps les revendications ouvrières.

Mais lorsqu'à force d'emprunts réi-
térés, le gouvernement lui-même eût
rendu l'épargne hésitante, lorsque sur-
vinrent les embarras financiers et par
suite industriels, ces revendications, un
instant calmées, reprirent avec plus de
force qu'auparavant.

V

LA GRÈVE

Singulier phénomène ! c'est par le
chômage si redouté, et pour lequel, afin
d'en prévenir les terribles retours, on

avait inventé le droit au travail ; c'est
par le chômage, dis-je, que l'ouvrier
pensa réduire les prétentions du capital.

La grève, en effet, n'est qu'un chômage volontaire ; et c'est par les grèves
que recommença la lutte.

Nommée *coalition* par nos législateurs, la grève tombe sous l'application
des lois pénales.

Le code de 1810 dispose que : « toute
coalition des ouvriers pour faire cesser
en même temps de travailler, interdire
le travail dans un atelier, empêcher de
s'y rendre ou d'y rester avant ou après
certaines heures, et, en général, pour
suspendre, empêcher, enchérir les travaux, s'il y a eu commencement ou tentative d'exécution, est punie d'un emprisonnement d'un mois au moins et de
trois mois au plus.

« Les chefs ou meneurs encourent un
emprisonnement de 2 à 5 ans et peuvent
être placés ensuite sous la surveillance
de la haute police, pendant 2 ans au
moins et 5 ans au plus ».

Par une juste compensation, la loi du
1er décembre 1849 porte contre les coali-
tions des patrons, les mêmes peines que
celles contre la coalition des ouvriers.

La législation sur les grèves est à peu
près la même dans tous les Etats européens, c'est-à-dire que partout, en Europe, la grève ou cessation de travail,

dans le but d'obtenir certaines concessions de la part des patrons, est considérée comme acte de rébellion, comme
une révolte, non seulement au point de
vue économique, mais encore au point
de vue politique.

En interdisant aussi sévèrement le
chômage volontaire, le législateur avait
dénoncé lui-même à l'ouvrier le point
vulnérable, le côté faible de ce capital,
maître de toute industrie. — Il avait,
en même temps, indiqué au travailleur
le moyen de généraliser la lutte, de la
rendre plus efficace, de la faire révolution.

Les sévérités de la loi édictée par lui,
ne forçaient-elles pas la grève à se disci-
pliner ?

Le capital, une fois engagé dans l'industrie, est rapidement absorbé, anéanti,
si, par suite des circonstances, il ne réa-
lise point les bénéfices prévus.

Supposons une usine en plein fonc-
tionnement, avec des frais généraux
souvent énormes et auxquels elle est
obligée de faire face chaque jour.

Le chômage est évidemment pour elle,
aussi redoutable que pour le travailleur.

Pour l'ouvrier, c'est la misère ; pour
l'usine, c'est la mort.

Mais si la ruine guette l'usine aban-
donnée, la faim, avec ses horribles
tortures, guette l'ouvrier sans travail.

Le capital peut se passer plus longtemps de bénéfices, que l'enfant peut se
passer de pain, le vieillard de vête-
ments.

La victoire est donc ici à celui des deux
partis qui peut ou qui sait attendre.

Le capital comprit de la sorte ce mode
de combat ; en tacticien habile, il laissa
l'ouvrier attaquer, le provoquer même ;
puis, attaqué, ferma lui-même l'usine,
choisissant ses moments, calculant ses
pertes, sachant les réduire ou les compenser, sûr, d'ailleurs, d'être garanti
contre tous dommages imprévus par un
gouvernement obligé d'entraver l'é-
meute pour ne pas qu'elle montât jusqu'à lui.

Le capital, ayant donc lui-même fermé
l'usine, attendit. Il avait, pour auxi-
liaire plus puissant encore que les baïon-
nettes enveloppant et protégeant ses
ateliers, les angoisses des pères et des
fils, les cris des mères et des femmes,
les sanglots des enfants.

Vainement, un Allemand, Karl Marx,
essaya de former la grande association
des travailleurs qu'il appela : « l'Internationale ».

Une idée, si humanitaire, si utile
qu'elle soit, n'est jamais, du jour au lendemain, acceptée par la masse, même
la plus directement intéressée à son application.

De grandes grèves furent donc essayées par l'Internationale dans les bassins houilliers de la Belgique, tout d'abord. Mais, faute de ressources suffisantes à donner aux ouvriers, ces grèves n'aboutirent qu'à de sanglantes répressions de la part du gouvernement, toujours prêt à exagérer les dispositions et les sévérités de la loi. Elles affermirent plutôt qu'elles n'ébranlèrent la lourde domination du Capital.

Pourtant, ces essais portèrent leurs fruits.

Ce mode de résistance devint le point de départ de nombreuses associations ou, pour parler plus exactement, de nombreuses sociétés qui, comprenant la nécessité d'une action commune et calculée, longuement et puissamment préparée, s'organisèrent, quelques unes du moins, à la façon des anciennes sociétés révolutionnaires.

La loi en mains, les gouvernements européens avaient proscrit l'Internationale.

L'Internationale disparut donc d'Europe presqu'au lendemain de sa naissance, et c'est là ce qui fit dire et croire à quelques uns que l'universelle association des travailleurs n'avait jamais existé que dans la pensée de son auteur.

L'Internationale disparut d'Europe,

dis-je, mais elle se réfugia en Amérique,
aux Etats-Unis.

FIN DE LA PREMIÈRE PARTIE.

DEUXIÈME PARTIE

EN AMÉRIQUE

VI

LES KNIGTS OF LABOR
(Les chevaliers du travail)

En Amérique, nulle loi n'entrave la liberté d'association.

Le droit d'association fait partie des droits civiques ; chacun l'interprète et le pratique comme bon lui semble. Le gouvernement n'a rien à voir dans l'organisation des sociétés ou associations de toute nature qui se forment presque journellement.

D'un autre côté, l'émigration, mettant en rapports obligés, constants, des ouvriers de toutes les nations du globe, nul pays n'est plus propre à l'élaboration d'un mouvement général, obligé, à cause de ses tendances mêmes, à ne négliger aucune aspiration sous peine de se sentir isolé, circonscrit dès ses débuts ; nul pays n'est plus propre à devenir le centre de la grande et universelle révolte du travail contre le capital.

Pas plus que le travail, le capital n'a de nationalité. Les intérêts de l'ouvrier français par exemple, je me place au point de vue des bénéfices à retirer de son industrie, au point de vue du salaire sont les mêmes que ceux de l'ouvrier anglais, autrichien, russe, etc.

Des ouvriers, qu'ils soient ou non de même nationalité, dès l'instant qu'ils habitent les mêmes villes, travaillent côte à côte dans le même atelier, sont souvent amenés à s'unir, à se constiuer en société.

Mais je dois dire ici, avant tout, par quel concours de circonstances les États-Unis se trouvèrent admirablement préparés à devenir le théâtre de la grande lutte.

La guerre de *Sécession* d'Amérique n'a pas eu pour seule cause, on le sait aujourd'hui, l'abolition de l'esclavage.

Une question d'un ordre beaucoup moins humanitaire divisait les États et armait ceux du Sud contre ceux du Nord.

La constitution américaine décide qu'il ne sera perçu d'autre impôt par le gouvernement fédéral que les impôts de douane.

De là, une rivalité sur le terrain purement économique.

Les États du Sud, en effet, sont essentiellement agricoles, c'est-à-dire ont

pour principales richesses les produits
de leur sol. Les Etats du Nord, au contraire, moins favorisés par la nature,
couverts d'immenses forêts, de vastes et
improductifs marécages, se sont dès leur
formation plus particulièrement adonnés
à l'industrie manufacturière et sont
aujourd'hui essentiellement industriels.

Tout d'abord, l'Europe gardant ses
meilleurs ouvriers, le produit manufac-
turé américain provenant d'ouvriers
secondaires, ne fut qu'un produit inférieur
et, comme tout produit de cette sorte,
difficile à écouler sur le marché à des
prix rémunérateurs.

Mais ce qui devait ruiner le fabricant
du New-York, du Connecticut, du Massachusetts, du New-Jersey, de la Pensylvanie, des Etats du Nord en un mot, devint
précisément la source de sa fortune.

Un autre article de la Constitution veut
que chaque Etat envoie au Congrès un
nombre de représentants proportionnés
à sa population.

Et c'est le Congrès qui administre
l'Union, vote les impôts, c'est-à-dire les
tarifs de douane. Les Etats du Nord,
beaucoup plus peuplés que les Etats du
Sud, ne tardèrent donc pas, en vertu même
de la Constitution, à prendre la majorité
dans le Congrès.

Maîtres de la situation, ils en abusè-
rent bientôt en votant des tarifs protec-

teurs, quasi prohibitifs, et qui assuraient quand même l'écoulement de leurs produits au détriment des produits de l'Europe rendus inaccessibles par des prix exagérés.

. Après la victoire du Nord en 1865, non seulement ces tarifs furent maintenus malgré les réclamations de certains Etats de l'Ouest (ceux du Sud n'avaient plus voix délibérative), mais ils furent rendus plus prohibitifs encore sous prétexte qu'il fallait liquider les 12 milliards qu'avaient couté l'écrasement du Sud.

Il en résulta que définitivement maîtresse et maîtresse absolue du marché, l'industrie américaine devint l'objet d'une spéculation éhontée et donna naissance à des fortunes colossales.

Du moment où grâce à la protection des tarifs, l'industriel put à son gré augmenter ses bénifices, il céda aisément aux exigences de ses ouvriers et consentit à l'élévation de leurs salaires. L'important pour lui était de fabriquer et fabriquer sans cesse.

Les commandes affluant de tous côtés, le moindre chômage lui occasionnait des pertes sérieuses et pouvait entraîner une perte de clientèle en la faisant passer aux mains de concurrents toujours en éveil.

Il y eut donc d'un côté des réclamations peut-être exagérées, et de l'autre côté, des concessions trop aisément consenties.

Mais un jour vint, où la spéculation follement lancée à travers tous les hasards, aboutit à des chutes retentissantes.

De grandes sociétés financières, des maisons de banque s'effondrèrent, enlevant à l'industrie des millions et des millions de dollars.

Enfin la dette étant payée, le gouvernement se relâcha de son active surveillance sur les importations.

La corruption aidant, une contrebande effrénée envahit les ports d'arrivée, et s'étalant cyniquement au grand jour, jeta le produit d'Europe en concurrence avec le produit d'Amérique.

Les usines se fermèrent une à une.

Les chômages commencèrent.

Étonnant contraste ! Pendant que l'Europe tendait en principe au libre échange, l'Amérique, j'entends la population ouvrière, était obligée, afin de conserver les avantages obtenus, d'aspirer de nouveau au régime de la protection.

Je n'ai point à préjuger les conséquences d'une situation que s'est créée à elle-même la révolution du travail..... je n'ai point à rechercher non plus les moyens de la résoudre, je constate, rien de plus.

Parmi les associations ou sociétés américaines qui, depuis quelques années, ont le plus vaillamment lutté con-

tre le capital, se trouve, en première
ligne et en tête de toutes, la puissante
association des *Knigts of Labor*.

Knigt of Labor signifie : chevalier du
travail. Montrer cette société à l'œuvre,
c'est suivre la marche du mouvement
ouvrier en Amérique, et même dans le
monde entier.

Les *Knigts of Labor* ont pour but
une juste répartition des bénéfices entre
le travail et le capital, répartition dé-
battue contradictoirement et réglée par
un jury, une sorte de conseil de Pru-
d'hommes, élu par les deux camps.

En principe, l'association repousse
l'emploi de tout moyen violent, et c'est
sans sortir de la légalité qu'elle entend
poursuivre l'accomplissement de son
œuvre.

Il est évident, toutefois, qu'elle ne
peut toujours répondre des conséquences d'une attaque dirigée contre
un ou plusieurs de ses membres assemblés.

Toute attaque qui, en Europe, serait
considérée comme une répression légale,
constitue en Amérique une réelle illé-
galité, mettant tout citoyen qui en est
l'objet en état de légitime défense.

Il est encore impossible d'empêcher
que, durant les grèves, des rixes parfois
graves n'éclatent entre les ouvriers
surexcités et une police payée par les

propriétaires ou les protecteurs des industries mises en cause.

Ces rixes, l'association les défend, les prévient autant qu'il est en son pouvoir, et on ne saurait guère les considérer et les lui reprocher comme un de ses moyens d'action.

La société des *Knigts of Labor* a pris naissance parmi les ouvriers de Pittsburg, en Pensylvanie.

Elle fut, dit-on, créée par un ouvrier tailleur. Son premier meeting eut lieu à Philadelphie, il y a 16 ans environ.

Elle ne procède point par admission personnelle.

Des groupes se forment dans le but d'appartenir à l'association, sollicitent leur admission, et, leur admission obtenue, reçoivent les statuts auxquels tous jurent de se conformer.

Chaque membre du groupe reçoit ensuite l'initiation et, à l'appui de son initiation, un livret, sur lequel se trouvent inscrits la date de son admission, ses noms, prénoms et aussi la profession qu'il exerçait le jour où lui a été conféré le titre de Knigt of Labor.

Nul ne peut devenir Knigt of Labor s'il n'exerce un métier, une industrie le mettant en puissance de patron ou, ce qui est même chose, de chefs chargés de représenter les intérêts des propriétaires ou maîtres d'une exploitation.

4

L'initiation est refusée à tout médecin,
avocat, pasteur et autres individus exer-
çant une profession dite libérale. Pourtant on rencontre souvent des initiés
parmi ces derniers ; mais cela provient
de ce qu'aux États-Unis, on change
souvent d'état ou de situation.

Chaque groupe admis constitue ce
qu'on appelle un district. Chaque district conserve son autonomie et nomme
un délégué.

Ces délégués réunis élisent les membres des comités directeurs régionaux,
lesquels élisent à leur tour, mais au
second degré, les membres du comité
exécutif ou comité chargé de diriger
l'association. Les membres du comité
exécutif sont au nombre de cinq.

Tous les comités, quels qu'ils soient,
sont tenus d'obéir à ses ordres.

Le comité des cinq est, à l'occasion,
revêtu d'une sorte d'autorité suprême.

En temps d'élection, il désigne les
noms sur lesquels doit se porter le choix
des membres de l'ordre.

Ce sont toujours les noms de candidats
engagés envers l'association et capables
de devenir pour elle ou d'utiles instruments ou de puissants protecteurs.

De cette façon, les Knig's of Labor
constituent une véritable puissance élec-
tive dont l'appui se trouve fort recher-

ché par des hommes occupant déjà de hautes situations politiques.

C'est à cause des Knigts of Labor, qu'aux élections présidentielles de 1885, Ben Butler, l'ancien général nordiste, le vainqueur de la Nouvelle-Orléans, aspirant lui aussi à monter à la *Maison Blanche*, ou pour mieux dire à la succession d'Abraham Lincoln, a fondé le fameux parti du travail.

L'on put, en cette circonstance, par les 1,500,000 voix qui se portèrent sur son nom, juger de l'influence naissante des Knigts of Labor.

Les Knigts of Labor ont singulièrement grandi depuis lors.

Qui saurait dire quelle part ils ont prise aux dernières élections et de quelles influences ils disposent au sein même du gouvernement actuel ?

En cherchant à enserrer dans une vaste association douanière, ou pour mieux dire à asservir les marchés du Centre et du Sud américains, M. Blaine n'obéirait-il point à quelque mot d'ordre d'une ou de plusieurs de ces sociétés ouvrières, devenues maîtresses des destinées de l'Union ?...

Je pose là une quétion en passant.

Revenons aux Knigts of Labor. Le mode d'admission par groupes favorise étonnamment le recrutement, et, la latitude laissée à chaque groupe de garder son autonomie, c'est-à-dire son caractère primitif, de poursuivre le but pour lequel il s'était formé, permet à l'association de recevoir dans son sein et d'absorber une infinité d'autres sociétés.

Des associations, même parmi les plus anciennes et les plus considérables, comme celle des *Olds Fellows*, sont ainsi venues se ranger sous sa puissante direction.

Nombre de sociétés politiques ont elles aussi suivi cet exemple.

C'est que les Knigts of Labor n'ont pas seulement pour but de poursuivre les revendications ouvrières contre le capital ; ils ont en même temps pour objectif d'établir cette solidarité rêvée par les hommes de 1848, et réunissant par les liens d'une active confraternité, c'est-à-dire au moyen de secours effectifs, matériels, toutes les corporations, toutes les industries diverses, tous les groupements de travailleurs.

En un mot, l'association des Knigts of Labor est la plus grande association de secours mutuels qui existe dans le monde.

Afin de venir en aide à ses co-associés, en cas de grève ou de chômage forcé, mais surtout en cas de grève, chaque membre est frappé d'une cotisation réglée selon son salaire, mais qui ne s'é-

lève guère à plus de cinq à dix sous par
semaine.

Cette cotisation est versée aux mains
des trésoriers de chaque district, qui en
rendent compte au trésorier du comité
régional duquel ils relèvent en cas de
grève.

Les trésoriers de districts transmettent
encore, à époques périodiques, ou chaque fois que la chose leur est deman-
dée, un compte exact des ressources
dont ils disposent, à la trésorerie générale, c'est-à-dire au secrétaire nommé
par le comité exécutif.

Les membres de l'association étant en
nombre considérable et ce nombre gros-
sissant chaque jour, on comprendra aisément quelles énormes sommes cette
cotisation, si minime en apparence,
peut, par moments, mettre à la disposition de la société.

Aussi faut-il considérer les Knigts of
Labor comme un élément révolutionnaire de premier ordre, disposant, au
profit de l'œuvre poursuivie, non pas
seulement d'une innombrable armée
admirablement disciplinée, préparée à
l'obéissance passive, mais encore d'une
force réelle au point de vue financier.

Bien souvent, l'association lutte contre le capital, au moyen du capital.

Il y a quelques années, on a pu les
voir se prendre corps à corps avec

l'homme le plus riche des Etats Unis
après les Van der Bilt, avec Jay Gould,
le propriétaire cinq cents fois million-
naire des chemins de fer de St-Louis.

Les Knigts of Labor n'ont pas vaincu,
il est vrai, ce Rothschild américain ; leur
première bataille a été une sorte de
défaite, mais leur crédit, un moment
épuisé, s'est relevé rapidement ; il a
grandi au lieu de diminuer.

Les initiés ont entre eux des signes
de reconnaissance et, à la faveur de
ces signes, trouvent aisément aide et
assistance. Il est bien rare qu'un Knigt
of Labor en quête de travail se présente
dans un atelier sans y rencontrer un
compagnon, un *Job* prêt à le servir et à
s'employer pour lui procurer une place
à ses côtés.

C'est que l'association des Knigts of
Labor est une véritable franc-maçonne-
rie. Elle a emprunté à cette dernière
institution une grande partie de son
organisation, tout en dédaignant avec
juste raison les réceptions et les rites
surannés.

Comme les Francs-maçons, les Chevaliers du travail sont répartis par loges,
dans lesquelles on ne pénètre qu'au
moyen de certains mots, de certains signes, de certaines formalités.

Les Knigts of Labor ont, eux aussi,
leur cri d'appel, leur geste pour récla-

mer, en cas de besoin ou de danger,
l'aide de leurs frères ou compagnons.
Leurs loges, bien autrement nombreuses, bien autrement actives que les loges
du Grand-Orient, de Mesraïm ou du rite
écossais, s'étendent aujourd'hui dans le
monde entier.

Il en existe en Angleterre, en Belgique, en Allemagne surtout, en France.

Ce dernier pays est encore le moins
travaillé de tous par l'association.

Toutes ces loges, solidaires les unes
des autres, relèvent des loges-mères
d'Amérique.

Lorsque le chevalier du travail européen entre en lutte avec ses patrons et
qu'il ne dispose pas de ressources suffisantes pour soutenir la lutte engagée,
il peut compter sur l'appui de ces dernières loges, appui moral, appui financier.

Parfois, le comité exécutif américain
va jusqu'à envoyer en Europe un délégué, ou *Marshall*, chargé de diriger le
mouvement.

Semblable chose est arrivée, il y a
quelques années, à Bruxelles, lorsque
les initiés belges, ouvriers gantiers, se
sont mis en grève contre la maison J...,
maison tombée pour avoir essayé de
résister aux injonctions formulées par
le délégué de l'association, mais formulées, je dois m'empresser de le dire,

après expertise et discussion contradic-
toire entre les co-intéressés.

Les Knigts of Labor tiennent de la
sorte, unis comme en un faisceau, les
éléments divers de la révolution ouvrière.

Leur nombre est considérable, ai-je
dit tout à l'heure.

Ils sont répandus sur tout le sol de
l'Union.

Leurs affiliés ne sont pas seulement
groupés dans les cités industrielles ou
commerçantes. Le sauvage Cowboy,
gardant les innombrables troupeaux
de bœufs ou de chevaux errants dans
les plaines sans fin des ranches, est, lui
aussi, souvent Chevalier du travail.

Le hardi pionnier campé au fond de
l'impénétrable forêt, l'émigrant perdu
au bord des lacs ou dans les méandres
des marécages enserrant le cours des
grands fleuves, le chasseur égaré dans
les gorges des Alleghanys ou des monts
Rocheux, l'audacieux mineur en quête
du riche placer, tous ceux qui errent
sur cette immense terre qui s'étend de
l'Océan Atlantique au Pacifique, du Rio
del Norte au Saint-Laurent, peuvent
rencontrer dans le pionnier, dans l'émigrant, dans le fermier isolé, voire même
dans le *Tramp* ou mendiant déguenillé
tombé au dernier échelon de l'ordre so-
cial, dans le *rowdie* prêt à tous les cri-

mes, un compagnon, un frère, un Knigt
of Labor comme eux.

Et qu'on ne s'y trompe pas, le ser-
ment jadis prononcé solennellement devant des frères assemblés, a plus d'une
fois forcé de se rouvrir la main à demi
fermée ou retenu le bras prêt à frapper.

Avec une telle expansion, une organisation à ce point formidable, nul doute
que l'association ne devienne bientôt
maîtresse de toutes les aspirations révolutionnaires, de toutes les révoltes qui
se préparent, soit au grand jour, soit
dans l'ombre.

Peut-être même est-ce chose déjà faite.

Peut-être, possédant une aussi colossale puissance, le comité n'attend-il
plus que l'heure où, disposant des forces vives du Nouveau-Monde, sûr de les
manier à sa guise, d'y puiser d'intaris-
sables éléments de résistance ou d'attaque, il pourra, sans appréhension pour
le but poursuivi, jeter le mot impatiem-
ment attendu par des millions d'hommes, par des hommes de toutes les nations, et avec un seul mot, d'un seul
coup, en une heure, retourner le sol du
vieux monde.

Mais laissons là les destins possibles,
peut-être rêvés par les Knigts of Labor,
pour nous occuper de la façon pratique
dont ils comprennent et conduisent la

guerre commencée entre le capital et le travail.

En règle générale, l'association n'attaque jamais qu'une industrie ou qu'une branche d'industrie à la fois.

L'industriel attaqué par elle l'est de deux façons différentes.

Ou par chômage, c'est-à-dire grève, ou par boycottage.

Ce dernier moyen a été emprunté aux tenanciers irlandais, lesquels, s'étant engagés à ne pas payer leurs redevances aux landlords anglais, punirent d'une sorte d'excommunication l'un de leurs nationaux, le fermier Boycott, qui, s'étant laissé intimider par les menaces des agents anglais, viola la foi jurée, pour mieux dire l'engagement pris en commun.

Le boycottage est donc une manière d'excommunication.

C'est l'ordre formel donné par un comité, souvent par un comité simplement régional, à tout Knigt of Labor de quitter immédiatement l'atelier de tel industriel, de refuser à ce dernier tout travail, tout concours, et, sous aucun prétexte, de n'acheter ou faire usage d'aucun objet ou produit de sa fabrication.

La sentence du boycottage est portée à la connaissance des affiliés, éloignés ou étrangers à la loge, même à la connaissance du public, par des affiches apposées partout où l'on suppose qu'elles puissent porter préjudice à l'établissement ou à l'industrie frappée d'interdit.

Ainsi ont été boycottés :

Thalia-Théâtre à New-York. Non pas que son directeur eût lésé quelqu'un des membres de la terrible association, mais parce que, restant sourd aux observations du comité régional, il persistait à faire venir d'Allemagne des musiciens qu'il payait à vil prix ;

Le journal allemand *New-Yorker-Herald-Zeitung*, tout simplement parce que son administrateur se refusait à employer des ouvriers faisant partie de l'association.

Enfin, pour en terminer avec ces exemples de boycottage, le grand hôtel de la cinquième avenue, à New-York toujours, hôtel dans lequel descendent habituellement les ambassadeurs, les membres du congrès, les hauts fonctionnaires, les plus riches négociants de l'Union.

Il se passa même, à cette occasion, des scènes assez significatives.

On vit, en effet, des personnages politiques essayer d'abord de braver la sentence, puis quitter brusquement l'hôtel après avoir reçu une lettre les menaçant de voir, aux prochaines élections, leurs noms livrés à la vindicte des Knigts of Labor.

Mais tous ces exemples de boycottage ne valent pas le récit d'une simple grève.

La grève organisée fut d'abord l'arme préférée des chevaliers du travail.

Elle ne peut avoir lieu qu'après avoir été jugée juste, utile et possible par les comités.

En cas d'urgence, ou lorsque la grève est susceptible de s'étendre, d'acquérir certaines proportions de durée, le comité régional est obligé de consulter le comité exécutif.

Mais lorsque des travailleurs, ouvriers ou employés, ont à se plaindre de leur administration, de leurs patrons ou de leurs chefs, ils formulent leurs plaintes par écrit et les adressent au comité dont ils dépendent. Aussitôt le comité délègue des experts.

Ceux-ci se rendent auprès des patrons, chefs d'ateliers, directeurs incriminés ; ils leur font connaître les griefs exprimés contre eux et demandent communication des livres afin de se rendre exactement compte de la situation.

Si audacieuse que nous paraisse à nous autres Européens, une pareille mise en demeure, il n'est guère d'exemple aux États-Unis qu'un chef d'industrie ait refusé d'y souscrire.

L'oserait-il ? Sa maison est immédiatement frappée d'interdit :

Résiste-t-il ?

Ses produits sont achetés, puis revendus à vil prix aux enchères publiques. Il faut ou faire monter les enchères jusqu'au cours, ou laisser la dépréciation frapper les marques de fabrique, ce qui a lieu le plus souvent, car on n'a connaissance du mal que lorsqu'il est fait.

Mieux vaut commencer par céder.

Si, après examen, les plaintes des ouvriers sont jugées exagérées, sans fondement, les délégués, tout en les laissant libres de quitter l'atelier, leur signifient que la grève n'aura lieu qu'à leurs risques et périls ; que la société, la considérant comme injuste, ne peut y prendre aucune part.

Cette façon de procéder attire p' d'un chef d'industrie dans l'association. Appartenir aux Knigts of Labor devient une garantie.

Dans le cas où l'industriel dénoncé manifeste le désir d'entrer en conciliation, les délégués ont pleins pouvoirs pour vider le différend, et les ouvriers ayant accepté leur arbitrage sont tenus de se conformer à leurs décisions.

La plupart du temps, les plaintes étant malheureusement fondées, la grève est déclarée au nom de l'association.

Les ouvriers quittent alors, et immédiatement, le travail.

Une grève américaine, dirigée par les Knigts of Labor, ne ressemble en rien à une grève européenne.

C'est surtout en dehors des grands centres, dans ce que nous appellerions nous des villes de second ordre, et qui, là-bas, ne sont que de grands villages, c'est surtout là, dis-je, que la grève revêt un caractère particulier. Il est vrai que le lieu qui encadre la scène a bien, lui aussi, sa physionomie originale.

La petite ville américaine est ordinairement traversée par une voie, ou artère principale, largement ouverte, fuyant en droite ligne, à perte de vue, bordée de maisons construites en bois ou en briques et dont les façades rouges, jaunes, brunes, grises, vertes, offrent à l'œil les plus singuliers contrastes.

A chaque rez-de-chaussée s'ouvre un *store* ou magasin. Des affiches de toutes dimensions, grands chromos parfois hasardés et dont les vives couleurs attirent de loin le regard, tapissent le haut des devantures.

Les caisses et les barils éventrés laissent déborder, sur les trottoirs, les raisins violets et musqués du New-Jersey ou de Californie, les oranges de la Floride pêle-mêle avec les cuirs cirés de

Newark, les nattes d'Albany, les bottes du Massachusetts.

Tout cela est abrité par des auvents qui, reliés les uns aux autres, simulent devant les maisons des sortes de porches que surmontent, hauts et capricieux frontons, des enseignes plus fantaisistes, plus criardes encore que les énormes chromos de l'intérieur.

A chaque coin de rue, le store du *grocer* (épicier) entassant, jusqu'au rebord de la chaussée poussiéreuse ou changée en torrent de boue, la houille ardoisée de la Pensylvanie, les légumes, les fruits de toute provenance, les régimes de bananes, les monticules d'ananas arrivant de la Louisiane, du Missouri ou du Texas. Ou bien, à la place du grocer, le *lager-beer* dont les glaces dépolies protègent le buveur contre le regard indiscret du passant et dont les cigares dorés, les tabacs du Kentuky, du Maryland et de la Virginie, s'étalent négligemment sous le portrait d'un roi Gambrinus ou sous les marques des brasseries en renom. Et dans toutes les rues, qui viennent aboutir à la rue principale, de petites maisons basses ou à un étage seulement, élégantes, proprettes, masquant leur intérieur meublé plus confortablement que l'intérieur d'un bourgeois d'Europe, derrière les rideaux de toile bizarrement historiés qui garnissent les fenêtres, s'ouvrant en guillotine, à la mode hollandaise.

C'est là, dans ces demeures séparées les unes des autres à la façon des demeures antiques, perdues la plupart au fond d'un petit jardin, enlacées, comme la villa italienne, tantôt par le rosier grimpant, tantôt par le jasmin de Virginie à la fleur orangée,... c'est là que vit tout ce peuple de travailleurs qui le matin va s'engouffrer dans l'immense fabrique dont la haute cheminée, élancée et hardie comme le grand mât de quelque clipper géant, épand sans cesse, au-dessus du village dont elle est l'âme et la vie, les nuées d'une épaisse et noire fumée.

C'est aussi dans les magasins bordant la rue principale que s'alimente tout ce monde qui chaque soir s'échappe des ateliers sans fin comme d'une ruche immense.

La paie a lieu chaque semaine, d'habitude le samedi.

A l'encontre du fournisseur européen, le fournisseur américain n'exige que dans des cas exceptionnels le paiement immédiat des marchandises qu'il débite.

Il vend au livret et règle seulement les jours de paie.

Cette latitude donnée au consommateur augmente sa clientèle.

Le fournisseur sait, d'ailleurs, se

créer des intelligences dans la place, c'est-à-dire s'entendre avec les comptables de la fabrique. Il connaît ainsi exactement la situation et la solvabilité de chacun, est prévenu à la moindre apparence de danger.

Une pareille entente entre ouvriers et marchands aide plus qu'on ne saurait le croire l'action des Knigts of Labor.

Aussitôt, en effet, que la grève est déclarée, l'association envoie, ainsi que nous l'avons déjà expliqué, un représentant du comité suprême ou Marshall.

Le Marshall prend toute autorité, toute direction. Il choisit son centre d'opération, nomme ses lieutenants, confère une partie de ses pouvoirs à ceux qui semblent le mieux devoir justifier sa confiance, fait dresser la liste des grévistes affiliés et procède à des affiliations nouvelles.

Il est alors mis à la disposition de chaque affilié 1 dollar par jour, soit : 6 dollars par semaine.

Le dollar américain représente environ 5 fr. 40 de la monnaie française.

Pour faire face à ce surcroît énorme de dépenses, des cotisations extraordinaires sont demandées aux autres membres de l'association pourvus de travail.

Toutefois, cette somme de 6 dollars pouvant se trouver insuffisante pour quelques-uns, des émissaires du Marshall parcourent la ville, s'arrêtent chez chaque fournisseur et leur ordonnent, sous peine de voir leur maison frappée d'interdit, de délivrer au *livret* comme en temps ordinaire et de ne réclamer à leur clientèle ouvrière le paiement d'aucune marchandise tant que durera la grève.

La plupart des fournisseurs vont d'eux-mêmes au-devant de ces demandes du Marshall.

Beaucoup font plus en remettant aux délégués des sommes assez importantes dans le but d'aider la grève.

Ceux qui agissent de la sorte sont immédiatement notés et recommandés aux affiliés d'une façon toute spéciale.

Plus d'un grocer et d'un bar-keeper a dû sa fortune à un pareil appui prêté aux Chevaliers du Travail.

Telle est, en résumé, l'organisation d'une grève de Knigts of Labor.

Voyons maintenant de quels moyens dispose soit le Marshall, soit le comité régional pour forcer le chef d'une industrie à souscrire aux conditions posées par l'expertise.

Je citerai d'abord la grève des carrmen ou employés des carrs (tramways) de la 6e avenue, à New-York.

Grève qui eut lieu il y a cinq ans et de laquelle certains journaux n'ont raconté que les regrettables violences, pas·

sant sous silence la preuve de l'influence considérable que donnèrent à cette occasion les Knigts of Labor.

New-York est sillonné en tous sens par des carrs ou tramways.

Plusieurs appartenant à des compagnies différentes parcourent les mêmes rues. Ces carrs se succèdent à des intervalles tellements courts, qu'au moindre embarras sur la voie, on peut en compter jusqu'à 30 ou 40 attendant, à la file les uns des autres, qu'il leur soit devenu possible de continuer leur route. Les carrs d'une ligne quittent le dépôt de 5 en 5 minutes. Bien souvent, lorsque l'un passe, l'autre est déjà en vue. L'Américain est d'autant moins exposé à attendre que le fameux : Complet ! n'existe pas pour lui.

Les voyageurs peuvent s'empiler autant que bon leur semble dans l'omnibus new-yorkais ou californien. Un soir d'été, j'ai pu compter jusqu'à 100 personnes entassées dans le carr montant du Ferry de Hoboken aux hauteurs de West-Hoboken.

Raisonnablement ce carr pouvait contenir 50 voyageurs. Non seulement les carrs se suivent avec cette rapidité, mais leur service commence à 5 heures du matin et ne s'arrête que fort avant dans la nuit, et dans certains quartiers pas du tout.

Il en résulte pour les employés de ces compagnies de réelles fatigues, d'autant plus que les administrateurs, constamment préoccupés d'économie à réaliser, ont toujours prétexte à réduire leur personnel au lieu de l'augmenter.

Malgré leur nombre, les carrs ne sauraient suffire à transporter l'innombrable population qui, de 6 heures du matin jusqu'à plus de minuit, se meut dans les rues de New-York, se transportant d'une extrémité à l'autre de la ville.

Aussi, a-t-on construit trois voies ferrées suivant avec une hardiesse incroyable, à la hauteur d'un second étage, les trois plus longues artères de New-York, s'en allant ainsi l'une de Harlem et les deux autres de Central-Parck à Castel-Garden, c'est-à-dire au bord même de la rade, à l'endroit précis ou débarquait jadis le troupeau des émigrants, avant que les steamers n'aient obtenu l'autorisation de venir directement s'amarrer à leurs docks.

L'Elevated (prononcez élevett), ainsi qu'on nomme cet ensemble de voies aériennes, reçoit plus de voyageurs encore que les tramways. Deux trains suivant la même direction ne sont règlementairement séparés que par un intervalle de 10 minutes.

La circulation la plus active a lieu

de 6 à 9 heures du matin, et de 5 à 8 heures du soir.

New-York est une ville de comptoirs et de magasins. Ouvriers, employés et patrons habitent de préférence ou par raison d'économie, les uns le haut de la ville, les autres les environs : Hoboken, Brooklyn ou Storia.

Souvent la maison est à plus de deux lieues de l'atelier ou de l'office ou bureau et il faut chaque matin et chaque soir fournir ce long trajet.

Je donne tous ces détails afin de bien faire sentir la portée du coup qu'en dernier ressort les Knigts of Labor avaient résolu de frapper, afin de terminer, dans le sens de leurs désirs, la grève dont je parlais tout à l'heure.

La Compagnie de la 6e avenue possède deux carrs différents partant de son dépôt de la 44° rue.

Ces deux carrs stationnent à l'entrée de Central-Park, au-dessous même de la station extrême de l'Elevated, descendent tous deux dans la 6° avenue, mais se séparent à l'entrée de Carmen ; l'un pour gagner Canal Street, et l'autre pour s'en aller rejoindre et descendre Barklay jusqu'en face de l'Hôtel des Postes.

Dans la 6° avenue se trouvent les magasins les plus en vogue de New-York : O' Well, Macy, etc.

Cette même avenue coupe encore les rues les plus fréquentées de la grande ville, les 23ᵉ et 14ᵉ rues.

Je ne surprendrai personne un peu au courant des mœurs américaines en disant qu'il y a foule chaque après-midi ou, pour mieux dire, de 11 heures du matin à 5 heures du soir, sur les trottoirs de la 6ᵉ avenue.

Il y eut donc plus que de l'étonnement, lorsqu'un matin on ne vit pas, comme d'habitude, les longs carrs jaunes arriver au galop, des profondeurs de l'espèce de voûte dessinée par le viaduc du chemin de fer élevé, passer comme l'éclair et disparaître dans la direction de Canal Street et de Barklay.

A défaut de mieux, ce matin-là, ouvriers et commis se rejetèrent sur les carrs suivant une ligne parallèle, sur les carrs de la 2ᵉ avenue.

Les employés de cette dernière compagnie n'avaient aucun grief à formuler contre leurs chefs ou administrateurs, mais ils appartenaient aux Knigts of Labor.

Pour cette raison seulement, et dans le but d'aider la grève des carr-men de la 6ᵉ avenue, ils reçurent l'ordre de cesser tout travail.

A regret peut-être, mais sans hésitation aucune, ils rentrèrent immédiatement chevaux et voitures.

Toutes les compagnies aux mains de l'association furent ainsi frappées l'une après l'autre.

Restait toujours l'Elevated.

Commerçants, ladies, voyageurs de toute sorte en étaient quittes pour encombrer ses stations, et s'entasser pêle-mêle dans les wagons. Tout à coup, à une heure de l'après-midi, alors que tous étaient retenus loin de la maison, celui-ci pour son travail ou ses affaires, celui-là pour son plaisir ou sa fantaisie, un cri de terreur, mais un véritable cri s'éleva de vingt points différents en même temps.

C'est que les Knigts of Labor venaient de signifier aux employés du chemin de fer élevé d'avoir à rentrer locomotives et wagons, et même d'éteindre les feux des locomotives si, à 3 heures précises, c'est-à-dire deux heures après l'ordre donné, la compagnie de la 6ᵉ avenue repoussait encore les prétentions des grévistes.

Comment faire pour rentrer au logis perdu de l'autre côté d'Hudson ou de West-river, ou bien encore près de Harlem, derrière les grands arbres de Central-Park.

Et le mari qu'on attendait pour la soirée projetée... et le fils toujours retenu par le chef exigeant... et la jeune miss et le rendez-vous d'amour... et le chèque attendu... et l'échantillon déjà attardé et nécessaire à la livraison du lendemain...

Vous imaginez-vous une ville immense au sein de laquelle vont, viennent, s'agitent chaque après-midi près de deux millions d'êtres ; vous imaginez-vous, dis-je, une pareille ville brusquement arrêtée dans son élan, dans sa vie.

Que fût-il arrivé, si la compagnie de la 6ᵉ avenue eût persisté dans son refus ? La population furieuse ne s'en fût certainement pas pris aux Knigts of Labor, d'ailleurs insaisissables.

La compagnie s'effraya, et avec raison.

Un peu avant 3 heures, les carrs, salués par les hurrahs de la foule, reprenaient leur parcours habituel. La grève était terminée.

Un exemple plus frappant encore fut donné durant une grève dans l'intérieur.

C'était dans l'Etat de Pensylvanie. Le nom de la ville m'échappe à présent ; mais il peut être aisément retrouvé. Le fait se passait en 1885.

Les employés du chemin de fer exigeaient une augmentation de salaire ; la grève sévissait.

La ville, dont l'existence était unie à celle du chemin de fer attaqué, osa se déclarer contre les Knigts of Labor.

Le châtiment d'une telle audace ne se fit point attendre ; l'interdit fut aussitôt prononcé.

Les ateliers, les magasins se fermèrent.

Le soir même, la ville semblait une ville morte.

Les marchandises abandonnées sur les quais de déchargement, sur les camions immobiles, au milieu des rues, devant les portes, pouvaient s'avarier à leur aise, aucun bras ne s'offrait pour les rentrer.

Les boulangers, les garçons coiffeurs eux-mêmes, laissent là leur besogne. Nul ne voulait consentir à transporter même les approvisionnements, nul n'osait en aller chercher à la ville voisine.

Cela dura huit jours et les grévistes eurent encore une fois gain de cause.

Pour expliquer jusqu'à quel point l'interdit peut atteindre une ville, la frapper d'immobilité, il est nécessaire de savoir que les femmes occupées dans les fabriques font elles aussi partie de l'association.

Mais, me dira-t-on, comment en pareil cas le gouvernement n'emploie-t-il pas la force ?

C'est là parler en Européen.

Et d'abord, il n'existe pas d'armée permanente aux États-Unis. Les quelques compagnies qui portent ce nom sont disséminées dans les blokauss de l'intérieur et occupées à contenir dans leurs réserves ce qui reste d'Indiens peau-rouge lorsque par moments la faim les pousse à quelque excursion sur le territoire de l'Union.

Il n'existe là-bas qu'une sorte de garde nationale équipée à ses frais..,, c'est-à-dire tant bien que mal..., et appelée comme en Europe garde civique.

Or, cette garde compte dans ses rangs un grand nombre de Knigts of Labor. Des régiments entiers sont aux mains de la puissante société.

Reste la police, mais la police est au compte des villes, ce qui revient à dire qu'elle est peu nombreuse et peu sûre.

On a bien menacé les Kingts of Labor de policemen payés par les patrons. Mais ils ont froidement répondu que dans ce cas ils organiseraient une contre police.

Club, c'est-à-dire casse-tête contre casse-tête, revolver contre revolver... En viendra-t-on là quelque jour ? c'est à craindre.

En attendant, les chefs d'industrie ont essayé d'un moyen moins dangereux, en opposant la ligue des patrons à la ligue des ouvriers.

Cette nouvelle ligue prit la dénomination de *Look out !* deux mots gros de menaces, car ils signifient : Prenez garde.

Les patrons composant le Look out

ont d'abord résolu de n'admettre dans leurs ateliers nul ouvrier ou commis faisant partie des Knigts of Labor ; d'expulser tous ceux qui s'y seraient introduits à leur insu ; de ne s'arrêter devant aucune considération de services, d'amitié ou de famille. Enfin, dans l'espoir d'échapper à la tyrannie des Knigts of Labor, les membres du Look out se mirent à former eux-mêmes des ouvriers que les affiliés des sociétés ne tardèrent pas à désigner sous l'appellation dédaigneuse de systémiers. Ce moyen extrême ne profita guère aux patrons. En effet, au fur et à mesure que les systémiers se trouvèrent suffisamment instruits, ils agitèrent, à leur tour, la terrible question des salaires, et, cédant aux sollicitations ou aux menaces, s'en allèrent rejoindre leurs compagnons parmi les Old fellow et les Knigts of Labor.

Ces deux ligues, ligue des patrons, ligue des ouvriers, se trouvèrent surtout aux prises lors de la grève des gantiers de Johnston et de Glovesville.

Ces deux grèves eurent cela de remarquable qu'elles ne s'attaquèrent point, comme les précédentes, à une compagnie ou à un patron isolé, mais à un ensemble de patrons, à une industrie tout entière.

La grève de Glovesville et de Johnston

mit d'un seul coup près de 3,000 ouvriers
à la charge de l'association.

Ce fut une bien lourde charge et les
patrons comprirent la faute commise.

Saisissant avec empressement l'occasion d'infliger une défaite à leurs adver-
saires, ils s'engagèrent par un traité
réel, ceux qui avaient dû fermer leur
fabrique, à abandonner plutôt leur industrie que de céder aux injonctions des
Knigts of Labor, et ceux dont les fabriques fonctionnaient encore, à ne recevoir dans leurs ateliers aucun gréviste,
ni aucun ouvrier d'accord avec ces derniers.

Les patrons allèrent même jusqu'à
stipuler une amende de 1,000 dollars
contre celui d'entre eux qui manquerait
à ses engagements.

Cette fois, la ligue des Look out eut à
peu près raison des Knigts of Labor. Je
dis à peu près, car des ateliers nouveaux, acceptant les conditions des grévistes, s'ouvrirent même durant la grève,
à Johnston et à Glovesville, et qu'ainsi
l'ennemi resta dans la place.

Le même procédé d'engagement et de
pénalité avait été employé par les fabricants cigariers de New-York, mais sans
succès.

La grève se prolongeant et la nécessité
de faire face aux commandes acceptées
s'imposant chaque jour davantage, quel-

ques patrons préférèrent payer le dédit et céder aux demandes de leurs ouvriers.

C'est ainsi que la grève organisée est aux mains du travailleur l'arme la plus sûre dont il puisse se servir pour saper la puissance du Capital.

Toutefois, cette façon de procéder ne satisfait que le présent. Il est à craindre qu'elle n'engage sérieusement l'avenir.

J'ai dit comment à la faveur des droits protecteurs, avait grandi l'industrie américaine.

J'ai dit encore comment l'industriel, réalisant d'énormes bénéfices avait, pendant un temps, facilement cédé aux exigences de ses ouvriers au point que les salaires sont aujourd'hui beaucoup plus élevés en Amérique qu'en aucun autre pays.

Mais voici qu'à cause des matières premières, certains produits américains se trouvent condamnés à l'infériorité.

Nous parlions des gants tout-à-l'heure.

L'ouvrier gantier gagne en Amérique 8 et 10 fr. par jour, là où l'ouvrier allemand ne gagne pas plus de 1 fr. 50 à 2 fr. au maximum.

Et, c'est en Allemagne que le mégissier américain achète les peaux que travaillées, il revend ensuite aux fabricants de gants.

Imaginez-vous maintenant une caisse de gants (main droite) entrant sans payer aucun droit, à titre d'échantillons dans le port de New-York par exemple, tandis qu'une semblable partie de gants (main gauche) entre de la même façon dans le port de Philadelphie, réunissez le contenu des deux caisses dans un des magasins des deux villes, répétez l'opération 4 ou 5 fois par semaine et demandez-vous après cela ce qui peut bien advenir de l'usine des environs.

Ce qui arrive pour les gants, arrive pour beaucoup d'autres produits.

Je le répète, les Knigts of Labor, pour maintenir leurs avantages, seront obligés de rejeter l'Union sous le système protectionniste.

Mais, quelles seront les conséquences de ce retour au beau temps des tarifs de 1865 ?...

Je crains de les résumer en quelques lignes.

Les Etats agricoles supportent difficilement un état de choses qui aboutit toujours fatalement à une infinité de monopoles.

L'intérêt de ces Etats consiste à faciliter la concurrence, grâce à laquelle le consommateur peut se procurer à des prix relativement bas, les meilleurs produits possibles.

Ce qui signifie que si les Etats industriels sont forcément protectionnistes, les États agricoles sont eux, essentiellement libres-échangistes.

Autrefois, les États libres-échangistes s'appelaient les États du Sud, aujourd'hui ils s'appellent le Far-West.

Il est aisé de sortir soi-même les conséquences, en se rappelant la cause sur laquelle nous insistions tout-à-l'heure de la guerre entreprise par les États du Sud contre les États du Nord.

VII

LA PLAINE

Celui qui n'a pas parcouru la superbe contrée s'étendant des monts Alleghanys aux monts Rocheux, et des monts Rocheux au Pacifique, se fait difficilement idée des richesses variées que le sol fournit à quiconque sait en diriger l'exploitation.

Dans le Texas, le Wisconsin, le Montana, le Colorado, dans un grand nombre d'États enfin, existent d'immenses plaines, sillonnées de cours d'eau limoneux et qui, séparées les unes des autres par de vastes forêts, passent, à juste titre, pour les meilleurs pâturages du monde.

Naguère, quelques-uns de ces territoires formaient les réserves de tribus indiennes à peu près disparues aujourd'hui.

Le Montana, le Minoseta et le Colorado, jadis habités par les Mandanes, les Sioux et les Pawnies, ne font partie de l'Union que depuis 1864.

C'est-à-dire que la grande émigration ne les a point encore atteints et qu'il est permis de les considérer comme pays relativement vierges.

La terre y appartient au premier occupant.

Le nouveau venu n'a qu'à choisir la place qu'il veut occuper, et le champ convoité par lui n'a d'autres limites que celle de sa volonté ou de ses désirs.

La ferme ou l'exploitation peut s'étendre et s'étendre encore jusqu'à ce que le sillon vienne tout-à-coup heurter le sillon tracé par la main d'un autre émigrant. L'audace est le seul titre de propriété.

Il y a bien, selon la loi, certaines formalités à remplir, une concession à demander, un droit à payer à l'État, droit variant de 1 dollar à 1 dollar 1/2 par arpent ; mais il est plus commode d'acquérir sans demander et surtout sans payer.

D'ailleurs, une fois en possession, plus de crainte d'être exproprié. L'expropriation avec ses formes judiciaires coûterait plus de peine et d'argent que ne vaut le sol.

Enfin, le gouvernement calcule et

avec raison que, autant de sol ainsi
occupé, conquis sur la nature, autant de
sol devenu productif, susceptible d'impôts ; et ce juste calcul lui fait fermer
les yeux sur la façon un peu irrégulière
dont l'émigrant s'approprie la forêt, le
marais ou la plaine.

Mais il ne suffit pas de conquérir la
terre sur le trésor public, il faut la conquérir sur la nature.

Il faut... il faut d'abord entourer l'espace convoité au moyen de pieux solidement fichés en terre et reliés par de
fortes traverses, c'est-à-dire construire
un obstacle capable de retenir les chevaux et le bétail qui, libres, iraient se
perdre dans les bois et dans les marécages.

Ces sortes d'entourages sont appelés
Fence, mot qui signifie palissade, en-
clos et qui se prononce *Fain'ce*. La
Fence établie, il faut encore construire
l'étable, puis la maison qui doit abriter
le colon et sa famille. Les bois d'essences
différentes sont tous là, à portée de la
main... La cognée peut choisir entre le
châtaignier au tronc élancé, le chêne
noueux, le cèdre odorant ; mais souvent
les bras, les outils sont insuffisants, et,
dans ces solitudes, l'émigrant ne doit
compter que sur lui et sur ceux qui
l'accompagnent.

Après la *Fence*, après la maison,

6

vient le défrichement. Si la forêt qu'il s'agit de détruire borde un cours d'eau profond et rapide, les bois de quelque valeur sont marqués, abattus, traînés à travers mille obstacles et confiés au courant qui les emporte jusqu'à la ville ou jusqu'à la scierie voisine.

Lorsque la coupe est finie, ou lorsque nulle rivière, nul fleuve ne permet le transport, le colon attend l'automne.

Puis, l'automne venue, quand la feuille jaunie, violetée ou rougie fait ressembler la clairière ou le coteau à quelque capricieux décor échappé au pinceau des fées ; quand la ronce crie et se brise sous le pied du chasseur, que l'herbe fanée et grise se couche et accuse sur la litière épaisse qu'elle forme le passage du fauve regagnant le fourré ou les souffles incertains de la rafale ; quand l'oiseau a fui vers les pays ignorés des hivers, que la sève abandonne et la branche et le tronc, que tout se recueille ou se replie pour garder en soi un dernier rayon de vie ; avant que la grande pluie n'ait pénétré le sol, rendu humide l'écorce de l'arbre et les tiges des hautes fougères ; avant que la neige et le givre n'aient étendu sur toutes choses leur linceul de glace, l'émigrant vient, traînant un tonneau bleu cerclé de fer ; il va droit au point le plus vulnérable, à la clairière entourée de pins et de cèdres résineux. Là, il s'arrête, puis épand le liquide qui tout à l'heure va devenir la nappe de feu.

La besogne terminée, il jette la torche et s'enfuit.

Il s'enfuit sans mesurer une dernière fois le tronc gigantesque qu'il livre aux enlacements mortels de la flamme... il s'enfuit sans un regard de regret, sans une seconde d'hésitation, car l'incendie se tord et siffle derrière lui ; car le feu peut tout à coup l'atteindre et le jeter, lui aussi, noirci et monceau de chairs carbonisées, au pied du grand arbre endormi qui va s'éveiller pour mourir.

L'homme qui seul entreprend une pareille tâche meurt presque toujours à la peine.

Aussi, ne voit-on plus comme autrefois, comme au temps de Fenimore Cooper, l'émigrant traverser la plaine et précéder, le fusil au poing, la lourde voiture recouverte de toile grossière sous laquelle s'abritaient et la mère affaiblie par les privations et l'enfant trop jeune encore pour supporter les fatigues de la route.

Les coups de feu de *Longue Carabine* n'éveillent plus les échos des grands bois, et le guerrier peau-rouge, vêtu de haillons sordides, amaigri par la faim, s'en va mendiant sa provision de wisky,

plutôt que cherchant la chevelure du
trappeur isolé.

Au lieu d'un émigrant, d'un homme
en quête d'une ferme à conquérir, supposez maintenant une compagnie disposant de capitaux énormes, de toutes
les puissances que donne l'argent.

Son émissaire, un fermier versé dans
tous les secrets de l'élevage ou de la culture, arrive de New-York, de St-Louis,
de Chicago, de Boston, de Philadelphie,
d'une grande ville, en un mot, où de
riches commerçants, un banquier plus
riche encore, attendent, escomptant déjà
les bénéfices d'une autre affaire, les résultats de l'exploration.

L'envoyé de ce groupe financier ne
s'en va pas seul tenter l'aventure ; une
dizaine d'ouvriers placés sous ses ordres
l'accompagnent.

Derrière la petite troupe armée, en cas
de rencontre avec les rôdeurs, excom-
muniés de la loi, rejetés des villes, dont
il faudra purger le pays si on s'y arrête ; derrière la petite troupe, dis-je,
viennent de solides mulets portant em-
pilés sur leur dos ou traînant sur de lé-
gers chariots, les couvertures destinées
au campement, les provisions de bouche,
les outils de toute sorte, des munitions
de chasse ou de combat, les instruments
de précision ou d'arpentage, tout ce qu'il
faut en un mot pour la construction et

l'approvisionnement de l'établissement projeté.

Tout cela s'avance tranquillement... au pas... fouillant le pays ; s'arrêtant là où la forêt profonde offre de beaux troncs d'arbres pour l'ossature de la ferme, la charpente des écuries, partout où la plaine fuit à perte de vue, s'étend au loin, unie et couverte d'herbes fines, hautes et serrées, dont les cîmes se courbent sous la brise, ondulent et se moirent comme les eaux d'un lac.

Plus superbe est le tapis de verdure, plus merveilleuse est la prairie que termine le coteau noyé dans les buées de l'horizon, le coteau bleuâtre teinté de gris sombre parfois irrisé par les rayons du soleil et semblant quelque monstrueux nimbus s'enfonçant lentement dans les profondeurs des cieux ; plus grandiose est la nature, plus l'œil de l'homme s'éclaire et brille, non d'admiration, mais de convoitise. La hardie caravane fouille de la sorte les solitudes du nouveau continent... s'avance jusqu'à ce qu'elle ne rencontre enfin nulle trace d'une prise de possession, même ancienne, nul indice pouvant faire supposer qu'un homme a déjà essayé d'occuper cet espace ignoré de tous, posé sur ce sol son pied souverain et jeté aux explorateurs de l'avenir ce cri aussi terrible que le *quos ego* antique : Ceci m'appartient.

Ah ! c'est qu'il faut prendre garde aux compagnies rivales, toujours en quête des moyens de vous déposséder, ou d'empêcher toute extension de votre part.

Enfin, la carte grossière que le guide tient déployée sous les yeux du chef de l'expédition, signale une vaste étendue que n'a jamais déflorée ou la cognée ou la charrue de l'émigrant. Aucun établissement n'existe aux environs.

L'habitation la plus proche est à dix milles au moins de l'endroit où l'on se trouve.

Dix milles ! L'espace est suffisant pour satisfaire les avidités sans bornes des actionnaires de la compagnie.

Le chef de l'expédition prononce le traditionnel : *All Right*. Aussitôt les hommes de l'escorte se dispersent, partent dans toutes les directions, examinent, fauchent, en courant, à coups de bowies-knives ou de machetes, des poignées d'herbes ou des rameaux d'arbustes, repartent au pas, s'élancent au galop, disparaissent dans les plis du terrain pour reparaître bientôt sur les lisières des bois, au bord des cours d'eau, en haut des monticules, droits sur leurs selles, immobiles et agitant au bout du fusil servant de hampe, un lambeau d'étoffe en guise de fanion.

Celui qui les commande suit et note

chacune de leurs évolutions, chacun de leurs signaux, mesure les distances avec le même soin qu'un général suit et observe la marche de ses éclaireurs.

Le cèdre abonde dans la forêt d'un vert sombre, et sur laquelle s'écrase le dernier coin de ciel.

Les solives ne manqueront pas aux charpentiers, pas plus qu'aux couvreurs les *shingles*, sorte de planchettes minces et taillées comme on taille l'ardoise en Europe.

Les châtaigniers fourniront assez de pieux et de traverses pour *enfen'cer* (mot francisé signifiant enclore) 20 lieues de pays s'il le faut. Aucune essence de bois ne fait défaut, ni le chêne dont le dur madrier permettra d'établir solidement la mangeoire ou le ratelier, ni le Hickory (sorte de noyer) incassable, avec lequel le charron pourra façonner les roues des chariots, les manches des fourches et des faulx ; rien ne manque, pas même l'érable laissant découler une sève sirupeuse et sucrée autant que le moût de la canne cultivée à grands frais par les planteurs de la Louisiane et du Texas ; pas même ce bouleau particulier, cachant un aubier odorant et jaune sous son écorce grise, laquelle s'écaille et s'enroule au soleil, comme les lanières d'un cuir non préparé.

Un ruisseau court vers quelque fleuve

lointain, se tord au travers des herbages ; son eau est douce et limpide, sur ses bords ne croît aucune herbe dangereuse pour le bétail, ni la jusquiame, ni le datura à la pomme épineuse, si commun dans les deux Amériques ; rien que des roseaux flexibles agitant leur long panache dont le duvet remplace la laine et la plume dans la fabrication des objets de literie.

Dans les endroits sablonneux, rares d'ailleurs, pousse l'*Asclepias Syriaca, plante à soie, coton sauvage,* dont la ouate, plus brillante et plus fine que celle du coton cultivé, peut être rouie et ensuite tissée à la façon du chanvre.

Des fonds humides promettent aux poulains et à la génisse le *Troscart palustré* ou les Alismacées à la feuille rafraîchissante et salée.

En un mot, toutes les conditions favorables à l'établissement se trouvent réunies ; c'est là que sera le *Ranche.*

On appelle Ranche, en Amérique, une ferme exclusivement consacrée à l'élevage du bétail et des chevaux ; mais plus particulièrement du bétail.

Les animaux y sont élevés en pleine liberté.

Sitôt que la place de l'établissement est arrêtée, un des hommes de l'escorte part pour la ville voisine. Ceux qui restent se mettent à l'œuvre sans tarder.

Il s'agit de construire, et rapidement, les abris pour les troupeaux qui vont bientôt arriver, les bâtiments de l'exploitation, les longues salles dans lesquelles, sur de véritables lits de camp, viendront parfois, le soir, se jeter les Cowboys (bouviers) fatigués, enfin l'habitation des agents et du directeur de la compagnie.

Pendant que la hache et la scie mordent jusqu'au cœur les arbres de la forêt, le terrain est mesuré.

De distance en distance, bien en vue, aux angles surtout, se dressent des mâts géants au sommet desquels se déroulent, et par instants confondent leurs couleurs et leurs plis, les drapeaux unis d'Amérique et d'Angleterre.

La plupart des compagnies qui fondent ainsi des *Ranches* sont, en effet, des compagnies anglaises.

Le *Ranche* établi, l'espace occupé par lui devient pour tous inviolable.

L'ingénieur poursuivant le tracé d'une voie ferrée reconnue pourtant d'utilité publique, se verra lui-même obligé de modifier son parcours et ses plans, de contourner l'immense pâturage, à moins d'une entente préalable avec la compagnie d'éleveurs ou à moins de courir les risques d'une bataille en règle avec les rudes cowboys préposés à la garde des troupeaux.

Les constructions finies, l'entourage terminé, et tout ce travail demande à peine quelques semaines, arrivent par centaines les vaches du Maine et du Vermont, rappelant par leurs longues cornes et le reste de leur structure les grandes vaches de la Pologne, de l'Ukraine et des Romagnes, puis les taureaux du Derbyshire, du Northumberland, souvent aussi de la Normandie et du Charolais, types superbes importés à grands frais d'Europe et dont la descendance fera bientôt la réputation et la fortune du Ranche.

Au lieu des taureaux et des vaches arrivent parfois des juments du Canada ou du Sud de l'Union, accusant celles-ci leur origine espagnole, celles-là leur provenance à la fois normande et bretonne. Puis, avec les poulinières, les étalons, et, parmi eux : Le Boulonnais au poil doux, à la peau fine, à la longue et double crinière voilant la grosse tête et le large poitrail, à l'énorme encolure, aux muscles puissants ; le Percheron, gris-pommelé, moins grand et moins fort que le Boulonnais, mais plus vif et offrant tous les caractères du cheval aux allures rapides ;

Enfin, le moderne Normand, fils d'une jument d'ancienne race et d'un étalon anglais pur sang, trois quarts ou demi-sang.

L'éleveur de la Manche, de l'Orne ou du Calvados qui a vendu ce dernier produit en a en même temps livré la généalogie.

Les chevaux français sont élevés dans les Ranches de préférence à tous les autres, parce qu'ils forment la race de trait incontestablement supérieure.

Parmi les étalons destinés ainsi aux plaines de l'Ouest, plusieurs sont payés 4 et 5 mille dollars (20 et 25,000 francs) sur les marchés de New-York et de Philadelphie.

Au fur et à mesure qu'ils arrivent, étalon, jument, vache et taureau reçoivent, soit à la croupe, soit à l'épaule, la marque particulière du *Ranche*.

Tous les ans, à une époque déterminée, on rassemble le troupeau et les jeunes sont marqués de la même façon.

Cette marque sert à faire reconnaître l'animal, soit par les autres éleveurs, soit par les habitants des plaines. Nul n'oserait désormais s'en emparer, l'attirer, ni même le garder dans son troupeau sachant qu'il s'y est égaré, car là-bas, la vie de l'homme ne vaut pas la possession d'une tête de bétail et l'apparence même de vol peut être punie de mort. Cette loi draconienne, dont les exécuteurs ne sont autres que les gardiens mêmes des chevaux et des bestiaux disparus, fait la sécurité des

Ranches. La Fen'ce peut se rompre, s'affaisser par endroits sous les efforts de la tourmente ou des bœufs effarés ; une partie du troupeau, le troupeau tout entier peut fuir par la brèche béante, pas un veau, pas un poulain, pas une génisse ne sera perdue.

Ceux-ci seront ramenés presque aussitôt par les cowboys auxquels ils ont un instant échappé ; ceux-là, lacés ou poursuivis par les cowboys des Ranches voisins, seront remis aux mains de leurs gardiens habituels.

D'ailleurs, le propriétaire du Ranche sait rarement le nombre exact des bestiaux qu'il possède ; le troupeau vivant et croissant en pleine liberté, pour bien dire à l'état sauvage.

Les Cowboys ont bien pour mission de noter les accroissements probables, les naissances : mais cette mission présente dans la pratique d'insurmontables difficultés, et malgré un pointage périodique, le possesseur du troupeau en est toujours réduit à des calculs approximatifs.

Tous les ans, ai-je dit, le maître rassemble le troupeau. Mais ce rassemblement n'est et ne peut être jamais complet, ni donner des résultats d'une rigoureuse exactitude. Souvent les barrières sont insuffisantes à retenir les animaux et une partie d'entre eux s'en va pacager sur les terres du voisin, et parfois fort loin sur les terres publiques.

Aussi, pour établir ses calculs, le propriétaire du Ranche préfère-t-il prendre pour base la fécondité des troupeaux.

Phénomène attribué à la différence des climats, cette fécondité varie selon les Etats.

Ainsi, par exemple, le Texas est tout particulièrement favorable à la propagation de l'espèce bovine. La fécondité des troupeaux y est telle que l'on compte couramment 80 veaux par 100 vaches, tandis que la proportion n'est que de 40 et même de 30 veaux par 100 vaches dans d'autres Etats.

Les Etats les moins propices à la propagation sont en revanche les plus favorables à l'engraissement et au développement des animaux.

Aussi le Texas s'applique-t il surtout à la production des jeunes qu'il expédie ensuite aux Etats voisins, où ils acquièrent en peu de temps une notable plus-value.

Puisque je parle du Texas, je dirai que pendant les sept dernières années, environ 3 millions de jeunes ont été livrés par les Ranches de ces Etats aux Etats du Nord et de l'Est américain.

Ce chiffre suffit pour donner une idée de l'importance de l'élevage aux Etats-Unis.

Quant à l'étendue des Ranches, il n'est pas rare d'en rencontrer ayant jusqu'à 100 kilomètres carrés de superficie.

Il y a encore les territoires publics sur lesquels l'éleveur laisse errer une certaine quantité de bétail lorsque, par suite de son accroissement, le troupeau se trouve trop à l'étroit dans les limites du Ranche.

Avec de pareilles facilités de pacage, le Ranche peut contenir jusqu'à 100,000 têtes de bétail.

La garde en est confiée à des Cowboys (cow : vache ; boys : garçons ; traduction littérale : vachers).

Une des principales occupations du Cowboy est, après la surveillance des barrières, la fouille des bois au fond desquels le taureau se plaît à entraîner la troupe de vaches et de génisses qui le suivent d'habitude.

La fuite en forêt est plus particulière aux taureaux d'origine anglaise et surtout aux taureaux du Northumberland.

Ramener les fugitifs au Ranche n'est pas l'une des moins dangereuses besognes qui, d'ordinaire, incombent aux Cowboys.

Sous la haute futaie, malgré l'enlacement des lianes, l'inextricable fouillis des ronces embarrassant les pattes des chevaux, malgré les troncs d'arbres

moussus couchés par le temps, les branches brisées amoncelées par l'orage dans
la clairière ignorée, dans l'épaisseur des
fourrés au sein desquels les fauves ont
seuls tracé d'étroits sentiers, se déroule
la chasse terrible durant laquelle hommes et chevaux s'affaissent sur le sol, le
ventre ou la poitrine ouverte.

La troupe errante se tient d'habitude
au plus épais du taillis. Il faut d'abord
l'en déloger ; tous les efforts des chasseurs doivent s'adresser au taureau. S'il
s'accule, le reste du troupeau se masse
autour de lui, derrière lui, formant un
cercle menaçant.

Malheur au Cowboy dont le lazzo
manque alors le but et dont les accidents
de terrain ou les jeunes chènes couvrant
au loin le sol viennent ensuite embar-
rasser ou retarder la fuite. Le moindre
obstacle, le moindre temps d'arrèt, c'en
est fait du cheval et du cavalier.

Atteints par le troupeau, enveloppés,
frappés de vingt côtés à la fois, on les
voit se dresser, tourner sur eux-mèmes,
comme s'ils étaient devenus tout à coup
les jouets de quelque tourbillon invisi-
ble, puis disparaître sanglants, déchirés
sous les sabots des bêtes furieuses.

Mais si le taureau, effrayé par les cris
des chasseurs, par les détonations répé-
tées des rifles et des revolvers, détonations sans danger pour lui, car il s'agit

de le prendre et non de le tuer, si le taureau effrayé quitte le bois et fuit dans la plaine, alors la course prend un de ces caractères émouvants et grandioses qui jadis distinguaient la chasse aux buffles lorsqu'ils descendaient à l'automne des hauts plateaux du Nord et gagnaient lentement, en bandes éparses ou nombreuses, les chaudes et fertiles régions qu'arrosent la rivière plate et le Missouri. La course se poursuit donc ardente, terrible comme un combat, jusqu'au moment où le taureau tombe arrêté dans un élan suprême par le lazzo des Cowboys. Le taureau vaincu, le drame cesse.

Le troupeau, docile désormais, suit le chef, embarrassé dans ses liens, et conduit à bout de longe par deux vigoureux cavaliers.

La vache ne montre pas toujours cette même docilité. Lorsqu'elle est suivie de son jeune, veau ou génisse, elle est souvent plus dangereuse à prendre ou à ramener que le plus sauvage taureau ; elle charge alors, avec une incroyable fureur, les Cobwoys s'efforçant de lui faire rallier le troupeau.

Cependant la plupart du bétail, si redoutable pour le piéton, fuit devant l'homme à cheval et finit toujours par lui obéir. Les chevaux sont, d'ailleurs, parfaitement habitués à ce genre de chasse, et il est vraiment admirable de voir avec quelle adresse ils évitent, au moyen de bonds et d'écarts, les attaques des bêtes affolées par la poursuite de ceux qui cherchent à les prendre ou à les rassembler.

Mais il ne s'agit pas toujours d'une simple chasse au bétail ; parfois la faim, occasionnée par les déprédations de toute sorte qu'exercent contre eux les émis·saires du gouvernement, oblige ce qui reste là-bas d'Indiens peau-rouge à sortir de leurs *réserves*, c'est-à-dire des territoires que veut bien encore leur laisser la convoitise des blancs.

Le premier acte de ces affamés est de se jeter sur les Ranches, de briser les clôtures et d'enlever le plus de bétail possible.

Lorsqu'ont lieu ces brusques attaques, il faut entendre les Cowboys s'appeler les uns les autres et sonner l'alarme dans d'énormes cornets dont les mugissements prolongés ressemblent, de loin, à ceux des bœufs irrités par la piqûre des taons.

La chasse recommence, non plus cette fois contre le taureau isolé que le silence et l'enivrante atmosphère des bois ont rendu sauvage comme l'antique Euroch, dont il descend peut-être, mais la chasse à l'homme.

On suit la trace des fuyards à travers la prairie, par delà les monts, évitant avec soin d'éveiller les soupçons, de trahir sa présence ; on suit les fuyards jusqu'au village dont la misère les avait chassés.

Puis au moment où, joyeux et fiers, ils montrent à ceux qui les attendaient le butin conquis à la faveur d'une nuit sans lune, des cavaliers bien autrement farouches que les cavaliers Sioux et Comanches décrits par les vieux romanciers, accourent de toutes parts, les enveloppent et avec la torche et le rifle effacent pour toujours du nombre des vivants la tribu jadis célèbre parmi les guerriers Apaches, Cheyennes ou Pawnies.

Le Cowboy, lui, sort rarement de la région des plaines. Il ne s'absente du Ranche que pour conduire à la station de chemin de fer la plus proche les bœufs achetés par les trafiquants chargés d'approvisionner les divers marchés de l'Union Américaine.

Le Cowboy se souvient bien qu'autrefois il habitait un hameau, une ville, mais il n'a rien conservé de ses allures d'homme civilisé.

Je le caractériserai encore mieux en disant : C'est le blanc retombé à l'état sauvage, c'est-à-dire le pire sauvage que l'on puisse rencontrer sur son chemin lorsque le hasard vous pousse dans les immenses plaines qui s'étendent des pla-

teaux glacés des Assiniboines aux terres
chaudes habitées par les débris des tribus Apaches.

Ce n'est pas qu'on ait à redouter du
Cowboy quelque surprise ou quelque
agression inspirée par l'idée du vol.

Le Cowboy n'est point un *Rowdie*,
c'est-à-dire un bandit.

Mais sa susceptibilité est légendaire
dans tout le continent américain, et on
ne sait guère ni où commence ni où finit
cette susceptibilité.

Ce rude compagnon n'a d'ailleurs pas
plus souci de sa vie qu'il n'a souci de
celle des autres. C'est un véritable *raffiné d'honneur*.

Pour un mot, pour un regard interprété par lui comme une injure, le
Cowboy saisit son inséparable revolver,
et sans prévenir autrement que par un
guttural *All Right*, envoie une poignée
de balles avec aussi peu de façon, que
dans un accès de générosité, il jette une
poignée de dollars.

Parmi ces friands du revolver, le plus
estimé est celui dont le tir est le plus
redoutable, c'est-à-dire le plus rapide
et le plus juste. Il ne s'agit point ici
de ces coups de précision qui font la
gloire de nos tireurs d'Europe ; il s'agit
de toucher le premier... et de toucher
de manière à empêcher la riposte.

La tête, la poitrine ou le bras, peu

importe, pourvu que l'on tue ou que l'on mette son adversaire dans l'impossibilité de se défendre.

D'ailleurs, ce ne sont pas là des duels avec leurs préliminaires obligés ; mais de véritables combats dont le prélude est un coup de feu souvent mortel. Un vrai boy (compagnon) des plaines est donc toujours sur la défensive, et au moindre geste suspect, se hâte de frapper le premier.

On rencontre les Cowboys à Saint-Louis, mais plus fréquemment à Chicago où on les envoie conduire aux *compagnies de conserves* jusqu'à plusieurs milliers de têtes de bétail à la fois. Quelques uns viennent du Texas et ont ainsi traversé toute l'Union.

Même au milieu des villes, le Cowboy garde ses allures insouciantes et brutales ; sa veste et son pantalon de peau chamoisée, retenus à la taille par une ceinture de laine aux couleurs vives, dont les replis cachent la lame du bowieknife et le canon du revolver, son chapeau de feutre à larges bords, semblable au chapeau mexicain, sa barbe inculte et ses cheveux retombant sur les épaules à la façon des rois mérovingiens. Sous ce costume étrange, maculé par la boue noirâtre des plaines, éraillé par les ronces, usé par le cuir de la selle, se cache parfois le descendant d'une noble et riche famille obligé de racheter, par une longue absence, quelque folle entre- prise, quelque faute de jeunesse.

Pas n'est besoin de faire connaître ses titres et qualités pour être admis parmi les bouviers des Ranches. Quelles rai- sons vous amènent, vous poussent à venir réclamer une part de fatigues, de périls et d'aventures, nul ne songe même à s'en inquiéter. Votre existence dans le monde civilisé, votre passé, en un mot, vous appartient tout entier, c'est le se- cret de votre conscience, aucun regard ne cherchera à soulever le voile dont il vous plaît de l'entourer. Cette sorte d'incognito est si bien passé à l'état de coutume qu'à de rares exceptions près, les Cowboys ne se connaissent entr'eux que sous des noms de guerre ou d'emprunts.

Le Cowboy ne quitte jamais la ville avant d'avoir jeté son dernier dollar, soit aux mains du bar-keeper, soit aux pieds de quelque beauté de la rue. Puis, son dernier dollar ainsi disparu, il s'en va, sans regret de la veille, reprendre sa besogne pénible et dangereuse, besogne que rendent plus pénible et plus dure les nuits passées au milieu des plaines ou sur les bords des chemins, avec l'herbe fraîchement fauchée ou l'amas de feuil- les sèches pour matelas, la selle pour oreiller, et pour abri contre le brouillard du matin, ou même contre la pluie, rien que la couverture de laine amincie par l'usure et trouée comme le manteau de Diogène.

Mais si, au lieu de représenter l'espace jadis occupé par quelque marécage, la plaine forme l'une de ces ondulations de terrain qui vont, s'élevant par gradins, des Alleghanys aux monts Rocheux, la compagnie qui s'en empare ne la dispose plus en Ranche, mais en un immense champ de blé.

Au lieu de bestiaux et de chevaux, ce sont alors des machines de toute sorte qui arrivent de la ville. Des charrues au soc monstrueux, des herses aux dents énormes, des faucheuses rejetant en gerbes les épis qu'elles viennent de faucher, la machine à battre, parfois aussi la chaudière destinée à animer le moulin, car quelques unes de ces exploitations transforment elles-mêmes leurs blés en farines.

Dans ce dernier cas, elles hachent aussi leur paille, la compriment fortement avec du son et forment ainsi des blocs carrés, faciles à transporter, s'échauffant rarement et très propres à la nourriture du bétail et même des chevaux. On comprime de la même façon l'excédent du foin que ne sauraient consommer le petit nombre d'animaux employés à l'exploitation.

Foin et paille comprimés partent ensuite pour les villes de l'intérieur ou du littoral.

Même nos plaines de la Beauce ne sauraient donner une juste idée de ces immensités, où l'œil se perd dans les profondeurs des horizons avant de découvrir les limites des espaces cultivés par la même société ou par le même colon.

VIII

LE PAYSAN SOCIALISTE

En décrivant aussi longuement les établissements du Far-West, j'ai eu surtout pour but de faire sentir l'énorme différence existant entre nos exploitations agricoles françaises et les exploitations américaines du même genre.

Facilités par des tarifs exceptionnels de transport, les produits agricoles du Nouveau Monde arrivent des extrémités du Fare-West dans les grandes villes maritimes de l'Est : Boston, Philadelphie, New-York.

A leur arrivée, les céréales sont entassées dans de hautes tours en bois ou *Elevators*, au pied desquelles viennent se placer les longs steamers de quelque ligne européenne, et notamment les steamers de la ligne anglaise *Monarch* et de la ligne belge *Red Starc*.

Le grain tombe du haut de l'Elevator

dans la cale divisée en nombreux com-
partiments, et tombant de cette hauteur
se tasse parfaitement, permettant ainsi
un chargement beaucoup moins sujet à
déplacement et plus complet. Il y a là
en outre une économie de main-d'œuvre,
et par suite, un nouvel abaissement des
frais de transport,

J'ajoute que depuis quelques années,
les plaines de la République Argentine,
du Brésil, de la Colombie et en général
de l'Amérique du Sud, se transforment,
elles aussi, en cultures et en ranches
semblables aux cultures et aux ranches
du continent nord américain.

La spéculation anglaise, tentée par les
bénéfices que réalisent aujourd'hui les
compagnies d'Amérique, commence à
exploiter de la même façon les vastes
solitudes de l'Australie et de la presqu'île Indoustanienne.

Partout aussi les compagnies fluviales
et maritimes offrent aux producteurs
agricoles les mêmes avantages qu'ils
obtiennent toujours des compagnies de
chemin de fer.

La concurrence aidant, les compagnies maritimes ont plutôt tendance à
baisser qu'à augmenter le prix de leur
frêt.

En fin de compte... le prix du frêt
n'est, pour la compagnie, qu'une question de vitesse et de quantité ; c'est en

se plaçant à ce dernier point de vue, la quantité, que l'on comprend aisément le rôle et l'utilité des *Elevators* dans le chargement des grains.

D'ailleurs, les compagnies n'hésitent guère pour résoudre à leur profit le second terme du problème.

Comme preuve, je puis rappeler ici une de mes traversées d'Amérique en Europe, à bord du « Belgenland », de la *Red Stare ligne.*

En partant des docks de Jersey-City, je remarquai que le steamer était chargé bien au-dessus de sa ligne de flottaison. Plus tard, je sus que c'était du blé que nous transportions ainsi de New-York à Anvers.

A la hauteur de Terre-Neuve, un coup de nord-est fit jouer notre cargaison, malgré le soin qu'on avait apporté à l'arrimage. Le *Belgenland* pencha si bien du côté de tribord qu'à chaque coup de roulis, l'eau couvrait une partie du pont, tandis qu'à babord la lame, rencontrant un plan incliné, déferlait sur le flanc du navire et retombait en lourdes nappes d'eau et d'embruns.

* * *

Autrefois, lorsque la difficulté, la lenteur et l'insuffisance des transports forçaient presque la consommation sur place, on comptait autant de marchés

qu'il y avait de nations. On disait le
marché anglais, le marché français, le
marché allemand, le marché américain.

Aujourd'hui, grâce à la révolution
opérée par la vapeur dans les moyens
de transports, les prix des denrées ten-
dent à s'unifier sur les marchés des deux
continents : Europe et Amérique.

Encore un perfectionnement apporté
à la machine, encore un effort de la
vapeur, et au lieu, comme autrefois, de
vingt, de cent marchés... plus rien
qu'un marché... le marché du monde.

*
* *

Nous n'en sommes point là, direz-
vous ; c'est vrai... mais nous en sommes bien près, nous y marchons certainement à grands pas ; peut être y
serons-nous demain.

En présence et avec la certitude d'un
tel avenir, n'est-il pas permis de se
demander :

Combien de temps le paysan français,
le fermier, le petit propriétaire pourra-
t-il soutenir la lutte contre les puissan-
tes associations financières en train
d'accaparer, pour leurs exploitations
agricoles, les territoires presque sans fin
qui s'étendent du Rio-Grande au Lac
Supérieur, des Alleghanys au plateau
de l'Utah, d'Albany à Sydney, de Cey-
lan aux sources du Sind ?

Sans doute, l'accès du marché européen impose au producteur américain,
australien ou indien des frais de transit
pour l'instant suffisamment compensateurs.

Sans ces frais, deux choses rendraient
immédiate la ruine de notre industrie
agricole au profit de ses concurrents
étrangers : l'outillage et les conditions
d'exploitation.

Je n'entends pas dire que notre outillage agricole soit inférieur à l'outillage
anglais ou américain. Je me place ici,
et exclusivement, au point de vue de la
possibilité de l'emploi.

Evidemment, le morcellement de la
propriété condamne et condamnera toujours la masse de nos agriculteurs aux
anciens modes de culture.

Le déplacement d'une des locomobiles
en usage dans le Fare-West pour le la-
bour ou la moisson, suffirait à absorber
le bénéfice que peut retirer un de nos
paysans du champ qui d'ordinaire ne
mesure pas plus de 3 ou 4 hectares.

Au puissant outillage, il faut les
grands espaces.

Des champs restreints, et la plupart
enclavés comme les nôtres, ne peuvent
se préparer autrement qu'à bras ou qu'à
l'aide de la charrue tirée par le cheval
ou le bœuf légendaire.

Dans de telles conditions, l'industrie

agricole française est, et demeure à l'industrie agricole américaine, indienne ou
australienne, ce que le bras est à la machine, l'échoppe à l'usine, ce que la
petite fabrication du siècle dernier serait
à la grande fabrication de nos jours.

Au début de ce travail, j'ai expliqué
comment les facilités de transport etaient
brusquement venues enrichir nos paysans.

Voilà que ces mêmes facilités, en
rendant possible la concurrence étran-
gère, sont en train de faire disparaître
la plus-value donnée aux produits et
par suite à la terre par une prospérité
qu'on aurait pu... je ne dis pas dû...
prévoir éphémère.

D'un côté, le paysan français obligé
de tirer tout d'abord du champ qu'il
cultive, soit le montant du fermage, soit
l'intérêt souvent élevé des sommes qu'il
a payées pour acquérir ; de l'autre côté,
le colon ou la compagnie n'ayant qu'à
s'approprier la plaine sans bornes, qu'il
convertit à son gré en Ranche ou en
champ de blé.

A qui le marché ?... A qui l'avenir ?...

J'ai parlé de frais compensateurs. Où
serait déjà la compensation, si la terre
avait gardé la valeur qu'elle avait si
rapidement acquise lors du fonctionne-
ment des premières voies ferrées ?

Je le répète, il y a un danger... je

devrais dire un mal que ne guériront jamais ni les taxes douanières ni les droits protecteurs.

✦

Bonne parfois, en tant que palliatif, la protection n'a jamais été un remède, jamais elle n'a calmé une crise industrielle que pour la faire renaître plus aiguë et plus redoutable.

Les droits protecteurs sont et ne doivent être que des mesures d'un ordre essentiellement provisoire.

Qu'on applique la protection en attendant la réalisation d'un état de choses nouveau, commandé par les circonstances ou par le progrès, rien de plus logique.

En bonne conscience, ceux-là mêmes dont ils sauvegardent les intérêts ne peuvent prétendre à la durée, au maintien définitif des droits protecteurs. En devenant source de gêne, de misère, la protection engendre trop souvent des haines entre consommateurs et producteurs.

Un évènement imprévu, un incident peut, enfin, forcer le législateur à rendre toute liberté à l'importation.

Je me résume en disant :

Tous les droits protecteurs possibles, seront parfaitement impuissants à garantir notre agriculture de la ruine dont elle est menacée.

Que l'Etat aide nos agriculteurs à trouver le remède, le vrai ; qu'il donne le temps de le découvrir, de l'appliquer, en créant des droits même prohibitifs, ceci est bien.

Mais qu'il reste entendu qu'il n'y a là qu'un régime absolument transitoire. On ne peut exiger du consommateur des concessions éternelles. Il faut que les privations, les sacrifices demandés à son patriotisme, n'aient de durée que le temps nécessaire pour remettre l'industrie nationale en état de soutenir la lutte.

*
**

Ceci posé, il ne reste plus qu'un souhait à exprimer : c'est que nos législateurs, nos petits propriétaires et nos fermiers se pénètrent le plus promptement possible de cette vérité :

La grande culture est seule capable de soutenir la concurrence contre la grande culture.

Tôt ou tard, et quelle que soit leur répugnance, nos petits propriétaires se verront contraints d'avoir recours à l'association, de se grouper, de s'associer entre eux pour résister aux envahissements des produits étrangers.

Quels que soient les changements que pourront entraîner dans les rapports de propriétaires à propriétaires ou de propriétaires à fermiers, l'association en vue de la grande exploitation, l'acceptation de ces changements deviendra avant peu pour notre industrie agricole une question d'être ou de ne plus être‘ une question de vie ou de mort.

Telle est la conséquence nécessaire, fatale, des progrès accomplis depuis 50 ans, du progrès de chaque heure.

Et c'est bien là aussi ce qui me faisait dire plus haut :

En morcelant la propriété presque à l'infini, nos lois révolutionnaires, malgré des apparences contraires, semblent avoir été conçues et promulguées dans le but de préparer nos populations rurales à se rallier sous le même drapeau que le travailleur des villes, c'est-à-dire à poursuivre, elles aussi, et avec la même âpreté, la mise en pratique des doctrines résumées par le socialisme moderne dans ce grand mot :

Solidarité

FIN DE LA DEUXIÈME PARTIE

—

TROISIÈME PARTIE

EN ALLEMAGNE

———

VIII

SOCIALISME ALLEMAND

Dans une conférence donnée à Paris, salle de la Galerie Vivienne, il y a trois mois environ, M. Jules Guesde, essayait d'expliquer comment s'était constitué le parti socialiste allemand, quelle était l'origine, le but de ce parti ; enfin quelles transformations il avait subies avant d'arriver à l'éclatante victoire remportée par lui le 20 février dernier, c'est-à-dire lors des élections du Reischtag.

Les critiques ont reproché à M. Jules Guesde de les avoir fait assister à un cours d'histoire contemporaine bien plutôt qu'à une conférence sur l'Allemagne socialiste.

M. Jules Guesde, en effet, n'a pas dit un seul mot de l'organisation du parti socialiste allemand.

Cette organisation, la voici, telle

qu'on a pu l'établir d'après les rapports de la police de Berlin.

La direction générale est aux mains d'un Conseil suprême composé des députés au Reischtag.

Du haut en bas de l'échelle, la discipline la plus rigoureuse est observée par tous les membres.

Le Conseil suprême agit par l'intermédiaire de Conseils particuliers à chaque grande ville.

Pour bien faire comprendre cette action, prenons une grande ville, Berlin par exemple.

Berlin est doté d'un Conseil directeur, lequel communique avec le Conseil suprême. Cette ville est de plus divisée en un certain nombre de quartiers, lesquels, à leur tour, se subdivisent en sous-quartiers, puis en secteurs, en vice-secteurs, etc.

A la tête de chacune de ces sections se trouve un chef qui, suivant l'importance de la section, prend le nom de chef de secteur, quartier ou sous-quartier.

Supposez maintenant que le Conseil suprême veuille transmettre un ordre aux socialistes de Berlin. Au moyen d'un émissaire à lui, il l'envoie à un membre du Conseil directeur, toujours le même, et qui, seul, connaît de nom

8

seulement l'émissaire, tout en ignorant son grade dans le parti.

Le Conseil directeur en prend connaissance, le fait copier par un homme sûr, ou imprimer clandestinement en autant d'exemplaires qu'il y a dans la ville de vice-secteurs, si le vice-secteur est la plus petite division territoriale. Puis de nouveaux émissaires spéciaux, qui n'ont jamais vu que le même membre du Conseil directeur, les portent aux chefs de quartiers.

Admettez que chaque quartier comprenne 12 vice-secteurs, 6 secteurs et 3 sous-quartiers ; le chef reçoit trois paquets mis sous bandes et portant comme suscription les noms des trois émissaires qu'il a autour de lui, il reçoit aussi un exemplaire qui lui est destiné. Cet exemplaire, il le garde ; mais il remet les paquets à chacun de ses trois émissaires qui ne connaissent que lui et un chef de sous-quartier, et ainsi de suite.

Dès que l'ordre est parvenu au chef du sous-secteur, il le lit, le retient par cœur et le déchire immédiatement. Aussitôt il va trouver un socialiste de son sous-secteur, mais toujours le même, à qui il communique l'ordre. Celui-ci, en fait part à un autre, et cela continue de la même manière jusqu'à ce que tous les membres du sous-secteur soient prévenus.

Admirez la simplicité en même temps
que la supériorité de cette organisation.
Il n'y a que les chefs du Conseil suprême qui soient connus. Quant aux
membres des Conseils directeurs, ils ne
se connaissent qu'entre eux et ne connaissent chacun qu'un émissaire du Conseil suprême ainsi que le sien propre.

Mais ils n'ont jamais vu les chefs de
quartiers, lesquels, à leur tour, ignorent
non seulement l'existence d'un Conseil
directeur, mais aussi celle des quartiers,
sous-quartiers, etc.

Chacun d'eux n'est qu'un homme dé-
signé par la confiance des chefs du Conseil suprême qui signe tous les ordres.

Comme système, c'est d'une force
incomparable. Et ce qu'il y a de plus
remarquable, c'est que les ouvriers allemands obéissent avec la plus grande
docilité, qu'ils tiennent évidemment de
leur habitude de la discipline militaire.

Ils se voient dans les réunions, mais
aucun d'eux ne confierait à son plus
intime ami, socialiste comme lui, qu'il
est, par exemple, membre d'un Conseil
directeur.

En résumé, les députés socialistes au
Reichstag sont seuls au courant de l'organisation du parti. Quant aux autres
gradés qui se rendent compte de l'importance de leurs fonctions, ils ne peuvent, aussi intelligents et perspicaces

qu'ils soient, en deviner qu'une infime partie.

Cette organisation du socialisme allemand est, on le voit, tout simplement formidable.

Je reviens à M. Jules Guesde.

Selon le conférencier de la salle Vivienne, Paris aurait été le berceau du socialisme allemand.

Notre révolution de 1830, en effet, secoua profondément l'Europe. Elle eût surtout son contrecoup en Allemagne, en Belgique et en Pologne.

Un instant, on pût croire que la chute de Charles X entraînerait l'amoindrissement de l'Autriche et de la Russie, ainsi que la chute des petits souverains d'Italie et d'Allemagne.

Mais la diète de Francfort (juillet 1832), dominée par l'Autriche et la Russie, déclara la solidarité de tous les princes confédérés et posa en principe l'extradition de tous les réfugiés politiques.

Tous ceux qui avaient pris part au mouvement insurrectionnel furent alors poursuivis, condamnés ou proscrits. Un certain nombre d'entr'eux cherchèrent asile en France.

Les réfugiés de Paris se groupèrent en une association qu'ils désignèrent sous le nom de Club des Justes.

Le Club des Justes n'était pas seulement une association démocratique ; on y professait des doctrines socialistes.

Je veux bien que, chassés de Paris pour avoir pris part aux résistances qui marquèrent les débuts du règne de Louis-Philippe, les socialistes allemands donnèrent au Club des Justes en le reformant, les uns à Genève, les autres à Londres, un caractère international.

Mais ce que je dénie absolument, c'est que l'organisation du Club des Justes ait servi de point de départ à la forte organisation que je viens de décrire, et qui est celle du parti socialiste allemand.

Aucune trace de cette organisation n'existait en Allemagne lors du mouvement révolutionnaire qui, en 1848, donna naissance au Parlement de Francfort ; nulle trace n'existait non plus lorsque, plus tard, Karl Marx changea la devise : « Les hommes sont frères », qui était celle du Club des Justes, en ce cri qui devint le cri de l'Internationale : « Travailleurs, unissez-vous. »

Non, le Club des Justes n'a été pour rien dans l'organisation du mouvement socialiste allemand.

Et si l'on veut connaître ses véritables auteurs, il suffit de comparer l'organisation dès socialistes allemands et celle de leurs prédécesseurs immédiats : *les Knigts of Labor d'Amérique.*

Certes, aux Etats-Unis même on parle moins aujourd'hui des Knigts of labor qu'on en parlait autrefois. Le silence s'est fait autour de leur nom depuis qu'à la suite de quelques tentatives malheureuses contre Jay Gould et les grandes compagnies, ils ont dû momentanément abandonner les grèves qui vidaient à chaque instant leur caisse et ruinaient leur crédit.

Mais lorsqu'on est si bien assuré de vivre, on peut se transformer, changer de nom, on ne renonce point à la vie.

Au moment où les Knigts of Labor ont en apparence, cessé la lutte, leur association possédait au moins, trois mille loges réparties non seulement sur le territoire de l'Union américaine, mais en Europe.

La population américaine, qu'on s'en souvienne encore, est aux deux tiers allemande. Enfin, l'ouvrier allemand qui, aux Etats-Unis, ne tient pas, soit directement, soit indirectement, à la puissante association, fait exception à la règle.

N'est-il donc pas logique, après cela, de conclure à l'organisation du socialisme allemand par la plus active association qui ait jamais entrepris de transformer l'ancien monde.

On dirait même, en voyant les progrès accomplis durant ces dernières années, que les Knigts of Labor n'ont ra-

lenti la lutte aux Etats-Unis que pour
la poursuivre plus sûrement en Europe.

IX

LE CHOIX DE L'ALLEMAGNE

Dans le message qu'il présenta au
Congrès, au moment de son entrée à la
présidence, le président actuel des Etats-
Unis, M. Harrisson, émet l'avis que par
des mesures législatives, il y a lieu de
rendre moins facile la naturalisation
des émigrants européens convaincus ou
soupçonnés d'affiliation aux associations
qui, depuis quelques années, poursuivent
la mise en pratique des doctrines socialistes. Le passage du discours présiden-
tiel, auquel je fais en ce moment allusion,
me remet en mémoire ces singuliers programmes que l'on trouve le dimanche
sur les tables des cafés-concerts.

Au café Coster and Beall, 23ᵉ rue, à
New-Nork, par exemple :

Ces programmes portent en tête, et en
caractères bien apparents, ces mots :
Sacred-concert (concert sacré), et au-
dessous : *Duo de la Belle-Hélène.*

M. Harrisson a été en cette circonstance absolument américain.

En réalité, ce n'est point une opinion
qu'il a manifestée, mais une sorte de
satisfaction platonique qu'à l'époque il

voulut bien donner à M. de Bismarck
accusant l'Europe, et en particulier l'A-
mérique, de travailler sourdement l'Allemagne en vue de la révolution ouvrière.

Le Congrès américain consentirait-il,
ce qui est absolument douteux, à voter
une pareille loi, que cette loi serait certainement frappée de désuétude avant
même d'être appliquée.

Comment, en effet, empêcher la naturalisation d'un émigrant pour raison de
socialisme, dans un pays où le socialisme règne en maître souverain ; où
sénateurs, députés, gouverneurs d'Etats,
membres de la législature, magistrats,
fonctionnaires, sont à la merci d'élec-
teurs en grande partie socialistes.

Serait-ce même pour conspiration contre un gouvernement étranger et allié de
l'Union, comment empêcher la naturalisation dans un pays où O'Donavan
Rossa tient chaque jour conseil, en plein
New-Nork, avec les principaux chefs
irlandais, cherchant le plus sûr moyen
de hâter l'insurrection de l'Irlande, et
calculant, en manière de passe temps,
combien de livres de dynamite il faudrait
employer pour faire sauter soit Saint-
James Palace, soit la cité de Londres.

A entendre M. Harrisson, on dirait
vraiment que le socialisme est, là-bas,
article d'importation européenne.

Autrefois je ne dis pas, de 1868 à

1870. Mais depuis lors, n'est-ce pas dans l'Amérique du Nord qu'ont pris naissance les *Olds-fellows*, les *Knigts of Labor* et la plupart de ces sociétés ouvertes, secrètes ensuite, qui depuis environ 10 années ont passé l'Atlantique et comme enveloppé la vieille Europe.

Loin de décroître, ces associations n'ont fait que se développer, que grandir.

La raison en est bien simple.

L'ouvrier américain est forcément socialiste et socialiste militant, révolutionnaire.

Dans un article ayant pour titre : *Une idée de M. Blaine*, nous expliquions comment le régime protectionniste, auquel est astreint le commerce d'importation aux Etats-Unis, eut pour conséquence l'augmentation des salaires.

Mais les tarifs protectionnistes ne furent pas seuls cause de cette élévation du prix de la main-d'œuvre, je tiens à en signaler ici une autre raison.

Pendant la guerre de sécession et afin de se procurer les ressources pécuniaires qu'entraînait la formation et l'entretien des armées qu'il assemblait sur les rives du Potomac, le gouvernement du Nord avait eu l'idée d'exiger que tous frais de douane fussent acquittés en or.

Le papier de la banque fédérale ou *Greenback* était refusé tout aussi bien que le papier émis par les banques des autres États, et l'importateur était obligé de payer en or et son expéditeur d'Europe, et le frêt, et les droits d'entrée.

La monnaie métallique s'engouffra rapidement dans les caisses de l'État, qui n'eut plus qu'à l'écouler lentement, en prenant soin de laisser pendant quelque temps la demande supérieure à l'écoulement, pour que l'or devînt une véritable marchandise acquérant chaque jour une plus-value sur le papier.

C'est ainsi que l'or s'éleva à 115, 125, 150 et jusqu'à 283.

Ce trafic sur l'or, trafic effréné auquel nulle nation de l'ancien continent n'eût osé se livrer, se continua longtemps après la guerre de sécession, et c'est par ce moyen que fut amortie en quelques années la lourde dette contractée par le Nord pour maintenir dans l'Union les États du Sud.

En même temps que l'or montait sur le marché, montait dans les mêmes proportions le prix des denrées de toute sorte, des choses les plus nécessaires à la vie.

L'ouvrier, payé en papier, demandait tout naturellement que son salaire s'élevât dans les mêmes proportions, mais, même après le retour du papier au taux de l'or, la main-d'œuvre conserva ses prétentions.

Je reviens aux raisons qui de l'ouvrier américain font, comme je le disais tout-à-l'heure, un socialiste militant.

Depuis 1870, les produits d'origine allemande luttent sur les marchés d'Amérique avec les produits américains. Je pourrais citer certaines catégories de produits allemands qui, sur les places de New-York, Boston, Philadelphie, etc., se livrent à meilleur compte que les produits similaires de fabrication européenne.

Question de main-d'œuvre.

En effet, les fabricants allemands paient 1 fr. 50 et 2 fr. par jour les mêmes ouvriers que les fabricants américains ont grand peine à se procurer à raison de 1 dollar 1/2 et 2 dollars par jour, c'est-à-dire 7 fr. 50 et 10 fr.

Les tarifs protectionnistes ne parviennent pas toujours à compenser de pareilles différences.

D'ailleurs, ces tarifs sont très souvent évités, oubliés par ceux-là mêmes qui ont pour mission de les appliquer.

Ne sait-on pas que la contrebande se fait là-bas sur une échelle assez vaste pour rendre illusoires la plupart des mesures de protection votées par le congrès.

Comment prévenir cette contrebande ? Comment la réprimer, lorsqu'elle a son point de départ et son excuse dans les mœurs électorales ?...

En règle générale, les fonctionnaires, les hauts fonctionnaires surtout, sont renouvelés tous les 4 ans, à l'avènement du Président.

Les charges sont acquises d'avance, moyennant un concours prêté à l'élection présidentielle, concours simplement actif parfois, mais le plus souvent pécuniaire.

On joue sur tel ou tel candidat à la présidence, comme en Bourse sur telle ou telle valeur.

La partie gagnée, n'a-t-on pas le droit de retirer d'abord, et par tous les moyens possibles, son enjeu, ensuite de s'enrichir aux dépens de l'Etat.

On a pu justement comparer les tarifs protectionnistes dont s'entoure l'Union, à la ceinture dorée des filles galantes du moyen-âge, ceinture que dénouaient aisément quelques livres tournois ou quelques sous parisis.

Mal protégé par les tarifs, les sentant d'ailleurs attaqués par les agriculteurs du Fare-West, l'ouvrier américain n'entrevoit qu'un moyen de garantir l'avenir, c'est-à-dire de rendre définitifs les avantages que lui ont assurés les luttes soutenues depuis 20 années contre la compagnie ou le patron, et ce moyen est la parité des salaires, la main-d'œuvre payée en Europe, dans tous les pays du monde, le même prix qu'en Amérique.

La concurrence la plus redoutable pour l'ouvrier américain est, nous l'avons dit, la concurrence allemande.

Plus qu'aucune autre, cette raison a poussé les sociétés américaines cherchant à accomplir 'la révolution ouvrière ou sociale, à reprendre en Allemagne le travail souterrain qu'avait entrepris au siècle dernier l'illuminisme de Spartacus Weishaupt.

Le choix de l'Allemagne comme champ principal de leurs opérations montre de la part des socialistes américains un plan conçu avec un admirable sentiment et des hommes à combattre, et des positions à emporter.

M. de Bismarck avait résolu de ramener l'Europe par delà les temps modernes dans les profondeurs du moyen-âge. En reculant jusqu'à Barberousse, rien de surprenant qu'il ait rencontré sur sa route les efforts accumulés de sept siècles, toutes les révolutions accomplies ou en train de s'accomplir.

Faire de l'Allemagne impériale le colosse aux pieds d'argile, la saper à sa base, c'est ébranler l'Europe monarchique et menacer son centre même de gravité, c'est lui enlever son réel appui, sa raison d'existence.

Encore les Knigts of Labor

L'association des Knigts of Labor, que l'on prétendait disparue depuis les grandes grèves de Chicago, vient d'entrer de nouveau en scène.

Au lieu de disparaître, l'association s'était simplement partagée en deux groupes :

Groupe partisan de la légalité et de la propagande scientifique, et groupe révolutionnaire.

* * *

Le 8 août, un délégué des Knigts of Labor, Holland, se rendait auprès des directeurs de la compagnie de *New-York Central and Union-River-railrood*.

Holland venait au nom des employés dénoncer à la direction le système d'avancement dont ceux-ci avaient, paraît-il, à se plaindre.

Il était surtout chargé de réclamer contre le renvoi de 40 employés faisant partie de l'association des Knigts of Labor.

Le vice-président de la Compagnie refusa d'entendre Holland, sous prétexte que ce dernier n'était point employé, et Holland, en vertu des pleins pouvoirs dont il était revêtu, frappa la Compagnie d'interdit.

Les agents et employés du *New-York Central* quittèrent immédiatement leurs postes et le service des trains se trouva tout-à-coup arrêté de Buffalo à New-York, c'est-à-dire sur un parcours de 2,250 kilomètres.

Pendant cinq jours, un matériel de 900 locomotives et de 35,000 wagons fut ainsi immobilisé.

Résolue à soutenir la lutte, la Compagnie attaquée s'occupa de renouveler son personnel; mais les trains qui se formèrent furent assaillis par les grévistes, qui, au nombre de 20,000, menaçaient d'enlever les rails et de brûler les ateliers, gares et magasins de la Compagnie.

Les directeurs du *New-York Central* avaient déjà réclamé l'aide des milices d'Albany, de Buffalo et de Syracuse, lorsque le refus des chauffeurs-mécaniciens de suivre les autres employés arrêta la grève ou lui fit perdre son caractère anarchiste.

Powderly, qui depuis les émeutes de Chicago avait paru, lui aussi, abandonner l'œuvre, vient, à son tour, de reprendre la tête du mouvement.

Voici, à ce sujet, un article publié par

le journal *la Paix* (numéro du vendredi
22 août 1890), qui confirme trop bien
ce que nous avons dit concernant les
Knigts of Labor pour que nous hési-
tions à le reproduire :

« Un incident significatif vient de
surgir dans la grande grève des employés des chemins de fer aux Etats-
Unis.

« Le « grand-maître » de l'ordre des
Chevaliers du Travail, M. Terence-Vin-
cent Powderly, a adressé au directeur
de la Compagnie de New-York-Central-
Railway une longue lettre dans laquelle
il prend en mains la cause des grévistes
et propose de soumettre à un arbitrage
le différend survenu entre la Compagnie
et les employés.

« La Compagnie a décliné cette offre.
Elle ne reconnaît pas à l'Association le
droit de s'immiscer dans les affaires de
la Compagnie et prétend que si des employés ont été renvoyés, ce n'est pas à
cause de leur qualité de membres de
l'Association des Chevaliers du Travail.

« En présence de ce refus, le « grand
maître » a convoqué les chefs des divers
corps de métier dont on ne tardera pas à
connaître les décisions. Il est probable
qu'une grève générale sera décrétée par
l'Association.

« Les directeurs de la Compagnie sont

déterminés à continuer la résistance,
coûte que coûte.

La fondation de l'Ordre

« Exposons rapidement l'origine et
l'organisation de l'Association des Chevaliers du Travail, qui est une véritable
puissance aux-Etats-Unis, et dont l'influence se fait sentir jusqu'en Europe.
C'est aux Chevaliers du Travail que nos
socialistes ont emprunté le mot d'ordre
de leur dernière manifestation. La devise des « trois huit » a été arborée sur
les bannières des ouvriers américains
avant d'être inscrite sur le petit trian-
gle de cuir mis en vente à Paris le 1ᵉʳ
mai ; voici quelle est la forme par delà
l'Atlantique :

EIGHT
HOURS FOR WORK
EIGHT
HOURS FOR REST
EIGHT
HOURS FOR WHAT YOU WILL

« Ce que l'on peut traduire ainsi :
Huit heures pour le travail, huit heures
pour le repos, huit heures à employer
comme bon vous semble.
« Le fondateur de l'Association fut un
ouvrier du nom d'Uriah Stephens, qui
en jeta les bases en 1869 à Philadelphie.
C'était d'abord une Société secrète. Quand

9

elle fut solidement constituée et que ses
ramifications se furent étendues au loin,
elle s'afficha au grand jour, pour entrer dans une période plus militante.

« En Amérique, le nombre de ses
adhérents, hommes et femmes, est aujourd'hui de plus d'un million. Ceux-ci
se réunissent en assemblées locales, qui
constituent par délégation des assemblées de district, lesquelles nomment à
leur tour des délégués pour l'assemblée
générale. Cette assemblée se réunit chaque année, au mois d'octobre, pour procéder à l'élection du Comité exécutif,
composé de cinq membres, et présidé
par l'un d'eux, qui prend le titre de
« grand maître ouvrier ».

Déclaration de principes

« On lit dans la déclaration de principes des Chevaliers du Travail :

« Le développement alarmant et l'at-
« titude agressive des grands capita-
« listes et des corporations, à moins
« qu'ils ne soient mis en échec, va —
« inévitablement et sans aucune espé-
« rance de retour à des temps meilleurs
« — conduire la masse des travailleurs
« à la pauvreté et à la dégradation.

« Il devient d'une impérieuse néces
« sité, si nous désirons jouir des biens
« de cette vie, qu'un arrêt soit placé sur
« l'injuste accumulation et le pouvoir

» pour mal faire de richesses concen-
« trées en quelques mains.

« Cet objet tant désiré ne peut être
« accompli que par les efforts combinés
« de ceux qui suivent le commande-
« ment divin :

« Par la sueur de ton visage, tu man-
« geras ton pain. »

« C'est dire que les Chevaliers du
Travail s'occupent de toutes les questions sociales. Les principaux points de
leur programme concernent la création
de Sociétés coopératives de production
et de consommation, l'établissement de
tribunaux d'arbitrage pour régler les
différends entre ouvriers et patrons, les
mesures protectrices pour la santé et la
vie des ouvriers.

« Les Chevaliers du Travail, outre la
réduction à huit heures de la journée de
travail, réclament l'égalité du salaire
pour les deux sexes, l'abolition du travail des enfants au-dessous de quatorze
ans, la création de bureaux pour élabo-
rer une statistique du travail.

« Dans la législation, ils demandent
la simplification des institutions judiciaires ; un impôt graduel sur le revenu ; des lois accordant aux ouvriers
des droits privilégiés, proportionnés à
leurs salaires, sur les objets qu'ils pro-
duisent.

« L'Association a déjà créé plusieurs grands établissements industriels aux Etats-Unis. Elle a acquis une mine de charbon à Caunelberg (Indiana) ; une fabrique de poêles à Beavefarle (Pensylvanie) ; une fabrique de chapeaux à Raverhill (Massachusetts).

Maître Powderly

« Le « grand maître » des Chevaliers du Travail est né en 1849, dans l'Etat de Pensylvanie, à Carbondale. Il fut engagé comme aiguilleur, par une Compagnie de chemins de fer, à l'âge de treize ans. Devenu mécanicien, il est, à vingt et un ans, un des membres influents de l'Union des machinistes et des forgerons. C'est alors qu'il se sent attiré vers l'étude des questions ouvrières et qu'il rêve d'opposer une barrière au règne brutal du Yankee opulent. Il apprend l'existence des Chevaliers du Travail, approuve les principes , demande son initiation et finalement entre dans cette Société avec tous les membres de l'Union des machinistes.

« Quelques années plus tard, à la mort d'Uriah Stephens, Powderly est nommé grand maître de l'Ordre, auquel il donna un grand essor. Ce n'est point un révolutionnaire. D'un caractère calme et pondéré, il a su attirer dans l'Association dont il est le chef un grand nombre de groupes socialistes isolés et d'unions ouvrières. Politiquement, il exerce une certaine influence dans les élections présidentielles.

Extension de l'Ordre

« L'Ordre des Chevaliers du Travail s'est étendu à la France, à la Belgique, à l'Angleterre, à l'Ecosse, à l'Irlande et à l'Australie.

« On assure que le nombre des membres initiés depuis sa formation, en 1869, excède deux millions. »

Évidemment, l'accord, s'il n'est déjà fait, est sur le point de se faire entre les *Knigts of Labor* révolutionnaires, autrement le nom de l'association n'eût jamais été prononcé et Powderly ne fut pas rentré en scène.

Si, après cela, une grève générale est déclarée, c'est que l'association toute entière est parfaitement décidée à employer tous les moyens à l'appui de ses revendications.

On sait que le congrès, par le bill Mac-Kinley, vient encore une fois de fermer l'Amérique du Nord aux produits d'Europe. Ces mesures absolument prohibitives ont-elles pour but simplement de couvrir le déficit d'un demi-milliard de dollars (deux milliards cinq cent millions) découvert dans la caisse fédé-

rale ou d'assurer le marché au produit
américain.

Dans ce dernier cas, les raisons qui
ont poussé M. Mac-Kinley seraient les
mêmes qui, il y a dix mois, faisaient
agir M. Blaine.

N'ayant pu, en octobre dernier, livrer
aux fabricants de la Pensylvanie, du
Massachussets, etc., les marchés des
deux Amériques, on leur livre aujour-
d'hui les marchés de l'Union.

M. Blaine a voulu faire grand ; M.
Mac-Kinley fait petit. C'est là toute la
différence qui existe entre les deux idées.

Le bill Mac-Kinley a pour réel objectif, quelques-uns l'affirment, d'arrêter
le mouvement ouvrier en donnant à
l'industrie nationale une activité plus
grande.

Le curieux de l'affaire serait que ce
bill arrivât trop tard pour pallier le mal,
qu'il arrivât juste au moment où, selon
la prophétie new-yorkaise, « les avenues
populeuses qui bordent d'un côté Hudson et de l'autre East-River, se donnant
la main, écraseront dans une horrible
étreinte, et Broadway, large voie sur
laquelle s'ouvrent les plus riches magasins de l'Union, et cette 5ᵉ avenue où,
sur leurs assises de marbre et de granit,
se dressent superbes les demeures des
Stewart, des Vanderbilt et de tant d'autres. »

A la place de MM. Blaine et Mac-Kinley, de M. Blaine surtout, j'avoue que cette réapparition des Knigts of Labor, après le mouvement général des *huit heures*, me causerait de sérieuses inquiétudes.

———

CONCLUSION

Un de mes lecteurs me pose les deux questions suivantes :

1º Quel est, selon vous, le caractère de la révolution qui se prépare ?

2º Quelle doit être l'attitude de la France par ce temps de rescrits et de congrès ?

La révolution qui se prépare et qu'on peut appeler, je le répète, la révolution de demain, se distinguera des révolutions antérieures par son caractère de généralité.

Il ne s'agit point, en effet, de tel ou tel peuple, de telle ou telle région ; le mouvement socialiste, c'est-à-dire la révolution commencée et dont l'éclat n'est plus qu'une question d'heures, le mouvement socialiste se fait sentir en Europe, en Amérique, en Australie, partout.

Il offre en outre cette particularité — la manifestation à propos des huit heures l'a suffisamment prouvé — d'obéir à une seule impulsion, à un seul mot d'ordre.

Il éclaterait dans vingt pays, dans

tous les pays à la fois, le même jour, à la même heure, qu'il n'y aurait en cela rien d'étonnant.

Quant aux appétits et aux haines qu'il mettra certainement en jeu, on ne peut malheureusement pas se le dissimuler, à côté des revendications du travailleur, il y a les revendications du misérable, de l'affamé.

. La lutte du Travail contre le Capital pourrait donc fort bien finir par l'éternelle lutte de celui qui *n'a rien* contre celui *qui possède*.

Toutefois, le danger n'est pas aussi grand qu'il le serait sans le mouvement socialiste.

En enrégimentant le travailleur, le socialisme est devenu une force capable d'imposer une direction à la masse, de la contenir.

N'oublions pas cependant que le socialisme a, dès maintenant, condamné les grandes associations financières, les grandes fortunes.

J'arrive à la deuxième question.

Dans la pensée de Guillaume II, le congrès de Berlin devait aboutir à la formation d'un *Look Out* des gouvernements.

C'était là du moins le sens des rescrits qui l'avaient provoqué.

Or, quelle eût été, en cas d'entente de

la majorité des délégués, la situation de
la France ?

Assurément, la révolution qui remue
si profondément le vieux monde européen a deux sortes de tendances : tendance d'ordre purement civique, tendance d'ordre économique.

Évidemment encore, l'une de ces revendications n'ira pas sans l'autre.

Droits du citoyen et droits du travailleur seront ensemble réclamés et avec
une égale violence.

Voyez ce qui se passe en Belgique,
par exemple.

Jusqu'à présent, on n'avait vu que
deux partis en présence : parti clérical,
parti libéral.

Un troisième parti s'est montré tout à
coup dans les élections provinciales qui
ont eu lieu au mois de mai dernier ; ceux
qui composaient ce troisième parti s'at-
tribuaient eux-mêmes l'épithète de *radicaux*.

Le parti radical belge n'est que l'a-
vant-garde du parti socialiste lui-même,
en lutte sur le terrain politique.

Durant ces dernières élections , les
radicaux parcouraient les campagnes,
prêchant l'impôt sur le revenu, la nation
armée, la réforme électorale.

La grande manifestation du 10 août,
à Bruxelles, prouve que le premier but

à atteindre, pour les radicaux belges, est le suffrage universel.

Or, nous voyez-vous aidant le roi Léopold II à maintenir en Belgique le vote contraire, à réprimer les mêmes efforts, les mêmes cris qui chez nous ont abouti à la révolution du 24 Février 1848 ?

Qu'on y prenne garde !

Dans le discours prononcé par Guillaume II à l'ouverture du dernier Reischtag, se trouve cette phrase, ou plutôt cette déclaration :

« Une juste sollicitude pour les ouvriers constitue la plus grande force des éléments qui, comme moi et mes *augustes confédérés*, sont appelés à s'opposer à toute tentative de *troubler l'ordre légal*, par la force, et qui sont résolus à remplir ce devoir avec une énergie inébranlable. »

Guillaume II aurait voulu donner le caractère d'une Sainte-Alliance au *Look Out* des gouvernements qu'il espérait voir sortir de la conférence de Berlin, qu'assurément il ne s'exprimerait pas autrement.

Si la révolution éclatait de l'autre côté du Rhin, non pas d'abord en vue d'affirmer les revendications ouvrières, mais en vue, comme en 1848, de se débarrasser des princes et des rois, quels seraient donc nos devoirs, quelles se-

raient nos charges si par hasard nous
comptions au nombre des *confédérés*
dont parle ici Guillaume II ?

∗∗

Ce n'est pas seulement sur le terrain
politique que surgissent pour nous, pour
la France, les impossibilités.

Les rapports entre le Capital et le
Travail ne sauraient être modifiés, cela
va sans dire, sans froisser, soit les appétits du Capital, soit les prétentions du
Travail.

De là, un ensemble de difficultés,
d'obstacles, qui ne sont point les mêmes
pour tous les gouvernements.

Remarquez qu'il s'agit ici, non de
réformes à apporter à un régime doua-
nier, dans des rapports internationaux,
dans tel ou tel servive d'ordre public,
mais de concessions à obtenir ou à exiger, d'intérêts essentiellement privés,
que nulle part ne régit le même code,
ne commande la même organisation
sociale.

Un exemple fera comprendre assurément l'obstacle que je signale.

En Angleterre, la fortune se trouve
aux mains d'un petit nombre d'individus.

Une mesure, une loi limitant les prétentions du Capital n'atteindrait qu'une
caste privilégiée.

L'actionnaire anglais possède généralement assez de revenus pour ne point hésiter à en sacrifier une partie, afin d'en sauver un reste.

Qu'on aille donc demander semblable sacrifice à des actionnaires français, comme cela, brusquement ?

Grâce à l'épargne, une foule de petits capitalistes sont aujourd'hui intéressés dans des exploitations industrielles de toute sorte.

Le gouvernement qui essaierait de restreindre le rapport ou simplement les espérances du Capital, risquerait fort d'ameuter contre lui leur innombrable armée.

Les décisions des gouvernements unis pourraient donc, dès le début, se heurter à de réelles difficultés d'application, à d'énergiques refus.

Si l'entente doit rester purement platonique, à quoi bon l'entente ?

Elle sera toujours un embarras, jamais une aide.

La France est dans une situation exceptionnelle ; qu'elle y reste.

Elle n'a qu'à le vouloir résolument pour pouvoir, mieux que toute autre nation, amener à un accord les différents intérêts qui, chez elle, semblent si prêts à s'entre-choquer.

C'est à cette entente seule qu'elle doit s'appliquer, et la première condition

pour y travailler sûrement, c'est de
garder sa pleine et entière liberté d'action.

Niort. — Imprimerie A. Bureau

www.ingramcontent.com/pod-product-compliance
Lightning Source LLC
Chambersburg PA
CBHW070808290326
41931CB00011BB/2168